JAPON MUTFAĞI BASİT BİR ŞEKİLDE

JAPONYA'DAN EVDE YAPILACAK 100 TARİF

Rabia Bozkurt

Feragatname

Bu e-Kitapta yer alan bilgilerin, bu e-Kitabın yazarının hakkında araştırma yaptığı kapsamlı bir strateji koleksiyonu olarak hizmet etmesi amaçlanmaktadır. Özetler, stratejiler, ipuçları ve püf noktaları yalnızca yazar tarafından önerilir ve bu e-Kitabı okumak, kişinin sonuçlarının yazarın sonuçlarını tam olarak yansıtacağını garanti etmez. E-Kitabın yazarı, e-Kitabın okuyucularına güncel ve doğru bilgiler sağlamak için makul olan tüm çabayı göstermiştir. Yazar ve ortakları, bulunabilecek kasıtsız hata veya eksikliklerden sorumlu tutulamaz. E-Kitaptaki materyal, üçüncü taraflardan alınan bilgileri içerebilir. Üçüncü taraf materyalleri, sahipleri tarafından ifade edilen görüşleri içerir. Bu itibarla, eKitabın yazarı herhangi bir üçüncü şahıs materyali veya görüşü için sorumluluk veya yükümlülük kabul etmez.

İÇİNDEKİLER

GİRİİŞ

Japonlar, kıskanılacak teknoloji dizileri sayesinde her zaman dünyanın ilgisini çekmiştir. Ve mutfakları, birçok kişinin büyük hayranlık duyduğu başka bir alandır, ancak herkes kiler yaratıcılığına hakim değildir. Pekala, bu değişmek üzere çünkü evde yapabileceğiniz yaklaşık 100 inanılmaz ve kolay Japon ramen yemeğini gezeceksiniz. Bununla nihayet gözlerinizi kapatabilir ve havadaki sonsuz Japon aromasının tadını çıkarabilirsiniz.

Japon mutfağı, esas olarak Japonya'nın yüzlerce yıllık siyasi, parasal ve sosyal değişimlerle geliştirilen bölgesel ve geleneksel yemeklerini içerir. Japonya'nın geleneksel yemekleri, miso çorbalı pilav ve farklı yemeklere bağlıdır; Mevsimlik malzemeler üzerinde bir vurgu var.

TEMEL Et suyu tarifleri

1. Tonyu suyu

İçindekiler:

- 500 gr hindi kemiği (kırık)
- 1 litre soya sütü
- 20 gr zencefil (dilimlenmiş)
- 1 dal pırasa (ince kıyılmış)
- tuz
- 400 ml su

Talimatlar:

a) Büyük bir tencereye hindi kemiklerini, pırasayı, zencefili ve 400 ml suyu ekleyin.

b) Kapak kapalıyken her şeyin yaklaşık 15 dakika pişmesine izin verin.

c) Kapağı açın ve et suyu yakl. 100-150 ml.

d) Soya sütünü ekleyin ve 10 dakika daha pişmesine izin verin. Uyarı: soya sütü kolayca yanar.

e) Et suyunu süzün. Her biri 235 ml'yi bir çorba kasesine koyun. İsteğe göre makarna ve sosları ekleyin.

2. Miso suyu

İçindekiler:

- 1 orta boy havuç (soyulmuş ve kabaca doğranmış)
- ½ soğan (soyulmuş ve kabaca doğranmış)
- ½ elma (özlü, soyulmuş ve kabaca kesilmiş)
- 1 sap kereviz (kabaca doğranmış)
- 3 diş sarımsak (soyulmuş)
- 120 ml hindistan cevizi yağı
- 2 yemek kaşığı susam yağı
- 340 gr kıyma
- 2 çay kaşığı taze zencefil (dilimlenmiş)
- 1 çay kaşığı sirke
- 2 yemek kaşığı soya sosu
- 1 çay kaşığı elma sirkesi
- 1 çay kaşığı tuz
- 1 yemek kaşığı susam
- 175 ml Shiro Miso (beyaz miso, hafif ve tatlı)
- 175 ml Akamiso Miso (kırmızı miso, koyu ve tuzlu)
- 475 ml tavuk veya sebze suyu

Talimatlar:

a) Havucu, soğanı, elmayı ve kerevizi ince ince doğrayın.

b) Orta ateşte büyük bir tavaya hindistancevizi yağı ve 1 çay kaşığı susam yağı koyun. Daha sonra doğranmış sebze ve meyveler tavada yaklaşık 10-12 dakika soğan yarı saydam olana ve elma hafifçe kızarana kadar kavrulur. Ardından ısıyı biraz azaltın.

c) Mead'i tavaya ekleyin ve bal likörü artık pembeleşene kadar yaklaşık 8-10 dakika bekleyin. Zencefil, soya sosu, elma sirkesi ve tuzu ekleyin ve her şeyi iyice karıştırın.

d) Tüm karışımı, et iyice öğütülene kadar mutfak robotuna koyun. Alternatif olarak, örneğin patates ezici kullanabilirsiniz.

e) Susam tohumlarını ve misoyu karışıma ekleyin ve iyice karıştırın. Tutarlılık kalın bir macun gibi olmalıdır. Bu miso temelini oluşturur.

f) Sebze veya tavuk suyunu kaynatın. 6 çay kaşığı miso fondöten ekleyin.

g) Hazır çorbayı iki kaseye (her biri yaklaşık 235 ml) koyun ve arzuya göre makarna ve sosları ekleyin.

3. Dashi suyu

İçindekiler:

- 10 gr kombu
- 10 gr palamut gevreği
- 720 ml su

Talimatlar:

a) Min. 500 ml kapasiteli ve bir tencereye palamut pullarını, diğerine kombu koyun.

b) Her iki tencereyi de kaynatın ve ardından 1 saat kaynamaya bırakın.

c) Son olarak, malzemeleri süzün ve iki demlemeyi birlikte ekleyin.

d) Her biri 235 ml'yi bir çorba kasesine koyun. İsteğe göre makarna ve sosları ekleyin.

4. Tonkotsu suyu

İçindekiler:

- Seabura (pişmiş domuz filetosu)
- 700 gr domuz sırtı, şeritler halinde kesilmiş
- su

Tonkotsu suyu

- 225 gr tavuk ayağı (yıkanmış, derisiz ve parmaksız)
- 3,6 - 4,5 kg boğum (kırık, kemik iliği için)
- 455 gr patates (soyulmuş ve kabaca doğranmış)
- 4,7 litre su
- Shiodare (tuzlu tat için)
- 1 büyük dikdörtgen parça kombu (yaklaşık 25 cm uzunluğunda, kabaca kesilmiş)
- 2 küçük kurutulmuş Shiitake mantarı (ezilmiş)
- 946 ml su
- 2 çay kaşığı palamut gevreği
- 300 gr halı kabuğu
- 140 gr tuz
- Shoyudare (soya sosu aroması için)

Talimatlar:

a) Başlamadan önce chashu'yu hazırlayın.

b) Seabura ile başlayın: Domuz filetosunu bir tencereye koyun ve üzerini suyla kapatın. Suyu kısa bir süre kaynatın ve 4 saat kaynamaya bırakın.

c) Tonkotsu et suyunun pişirilmesi: Suyu ayrı bir tencerede kaynatın. Tavuk ayaklarını haşlayın, kurutun ve domuz budu ve patatesle birlikte düdüklü tencereye koyun. Her şeyi 4,7 litre suyla örtün. Su ve diğer malzemelerin tencerenizin yarısından fazlasını doldurmamasına dikkat edin.

d) Tencereyi basınç valfinden buhar çıkana kadar ısıtın (bu 20 dakika kadar sürebilir). Yaklaşık bekleyin. Tencere buharla dolana kadar 10 dakika. Isıyı en yüksek seviyeye ayarlayın ve bir saat pişmesine izin verin.

e) Shiodare'nin Yapılışı: Orta boy bir tencere alın ve kombu, shiitake mantarları ve 950 ml suyu kaynatın. Isıyı azaltın ve yaklaşık 5 dakika idi. Kombu ve shiitake mantarlarını çıkarın ve sıvıyı temiz orta boy bir tencereye aktarın.

f) Palamut pullarını sıvıya ekleyin, kaynatın. 5 dakika kaynamaya bırakın. Palamut pullarını sıkın ve çorbadan çıkarın. Çorbayı temiz orta boy bir tencereye alın.

g) Çorbayı kaynatın ve halı istiridyelerini ekleyin. 5 dakika kaynamaya bırakın. Midyeleri süzgeçle çıkarın. Bir litre et suyunu yeni bir tencereye aktarın ve tuzu (140 gr) ekleyin.

h) Bir saat sonra düdüklü tencereyi ocaktan alın ve basıncını boşaltın. Kemik iliğini ortaya çıkarmak için domuz kemiklerini ezin. Her şeyi tekrar tekrar karıştırarak düşük sıcaklıkta bir saat daha pişirin.

i) Yemekle birlikte kullanmayı planladığınız çorba kaselerine birer çay kaşığı chashu ve shiodare ekleyin.

j) Kaynayan domuz sırtını ocaktan alıp suyunu süzün. Eti daha küçük parçalar halinde kesin (yaklaşık 5 cm). Doğramak için bütün eti parça parça kaba bir elekten geçirin. Seabura hazır.

k) Çorbayı düdüklü tencereden süzün ve ayrı bir tencereye alıp sıcak tutun. Servis yapmadan hemen önce çorbayı tekrar kaynatın.

l) Chashu'yu 6 mm'lik parçalar halinde kesin ve bir tavada çıtır çıtır olana kadar kızartın.

m) Çorbanızı bitirmek için, sıcak Tonkotsu çorbasını (235 ml) çorba kasesine ekleyin. Her porsiyona bir çay kaşığı Seabura ekleyin. İsteğe göre makarna ve sosları ekleyin.

5. Shoyu suyu

İçindekiler:

- 4 çay kaşığı hindistan cevizi yağı
- 2 orta boy havuç (soyulmuş ve kabaca doğranmış)
- $\frac{1}{2}$ soğan (soyulmuş ve kabaca doğranmış)
- 3 taze soğan (dilimlenmiş)
- 1 elma (özlü, soyulmuş ve kabaca kesilmiş)
- 2 kereviz sapı (kabaca kesilmiş)
- 5 diş sarımsak (soyulmuş)
- 5 adet kurutulmuş şitaki mantarı (küçük parçalara ayrılmış)
- 1 bütün tavuk
- 4 öküz kuyruğu parçası (her biri yaklaşık 5 cm)
- 1 limon (dörde bölünmüş)
- 2,2 litre düşük sodyumlu tavuk suyu
- 175 ml soya sosu
- 4 yemek kaşığı dashi granülleri
- 2 çay kaşığı tuz
- $\frac{1}{2}$ çay kaşığı beyaz biber
- 1 defne yaprağı

Talimatlar:

a) Güveçe hindistancevizi yağı, havuç, soğan, elma, kereviz, Konoblauch ve kurutulmuş Shiitake Yığını koyun.

b) Sonra bütün tavuğu, öküz kuyruğunu ve limonu ekleyin. Hollandalı fırını 8-10 saat fırına koyun ve 90 ° C'ye ısıtın. Öküz kuyruğu kemikten kolayca ayrıldığında, tamamdır.

c) Daha kaba parçaları çıkarmak için oluklu bir kaşık kullanın. Kalanını geniş bir tencereye süzün. Artık kahverengi, parlak, yüksek yağlı bir çorbanız olmalı.

d) Çorbayı bir tencerede kaynatın. Her çorba kasesine 235 ml çorba koyun. İsteğe göre makarna ve sosları ekleyin.

6. Şio suyu

İçindekiler:

- 1 orta boy havuç (soyulmuş ve kabaca doğranmış)
- ½ soğan (soyulmuş ve kabaca doğranmış)
- 3 taze soğan (dilimlenmiş)
- ½ elma (özlü, soyulmuş ve kabaca kesilmiş)
- 1 kereviz sapı (kesilmiş)
- 3 diş sarımsak
- 5 adet taze şitaki mantarı
- 120 ml hindistan cevizi yağı
- 1 çay kaşığı susam yağı
- 3 yemek kaşığı dashi granülleri
- 2 çay kaşığı tuz

Et suyu:

- 2 çay kaşığı tuzsuz tereyağı (porsiyon başına)
- Düşük sodyumlu tavuk veya sebze suyu (porsiyon başına 235 ml)
- Mirin (tatlı pirinç şarabı; porsiyon başına 2 çay kaşığı)
- 1 büyük dikdörtgen parça kombu (yaklaşık 25 cm uzunluğunda, kabaca kesilmiş)

- Kurutulmuş shiitake mantarları (ezilmiş; porsiyon başına 2 mantar)

Talimatlar:

a) Havuç, soğan, taze soğan, elma, diş sarımsak ve taze shiitake mantarlarını bir mutfak robotuna koyun ve her şeyi bir macun oluşana kadar doğrayın.

b) Hindistan cevizi yağı ve susam yağını orta boy bir tencerede orta ateşte ısıtın. Meyve ve sebze ezmesini ekleyin ve yaklaşık 10-12 dakika pişirin. Ardından dashi granüllerini ve tuzu ekleyin. İyice karıştırın.

c) Et suyu için, tereyağını büyük bir tencereye alın ve orta ateşte ısıtın. Tereyağı hafif kahverengileşmeye ve ceviz kokusu almaya başlayınca tavuk veya sebze suyu, mirin, kombu ve kurutulmuş shiitake mantarlarını ekleyin. Kaynatın.

d) Ardından ısıyı azaltın ve 15 dakika kaynamaya bırakın. Daha kaba parçaları çıkarmak için oluklu bir kaşık kullanın. Shio sebze ve meyve tabanını ekleyin.

e) Her biri 235 ml'yi bir çorba kasesine koyun. İsteğe göre makarna ve sosları ekleyin.

7. Vegan dashi suyu

İçindekiler:

- 25 gr şitaki mantarı (kurutulmuş)
- 10 gr kombu
- 1 litre su

Talimatlar:

a) Min. 500 ml kapasiteli ve bir tencereye Shiitake Pile'yi, diğerine kombu koyun.

b) Her iki tencereyi de kaynatın ve ardından 1 saat kaynamaya bırakın.

c) Son olarak, malzemeleri süzün ve iki demlemeyi birlikte ekleyin.

d) Her biri 235 ml'yi bir çorba kasesine koyun. İsteğe göre makarna ve sosları ekleyin.

8. Vejetaryen Kotteri suyu

porsiyon: 8

İçindekiler:

- 500 gr Balkabagi (yaklaşık 300 gr soyulmuş ve kabaca doğranmış)
- 2 soğan (soyulmuş ve kabaca doğranmış)
- 3 diş sarımsak (soyulmuş)
- 100 gr taze shiitake mantarı
- 6 adet kuru şitaki mantarı
- 6-8 gr kombu
- 2 litre su
- 2 çay kaşığı toz kırmızı biber
- 2 yemek kaşığı zencefil (doğranmış)
- 75 ml soya sosu
- 4 WL miso ezmesi
- 3 yemek kaşığı pirinç sirkesi
- 3 yemek kaşığı hindistan cevizi yağı
- 2 çay kaşığı tuz

- zeytin yağı

Talimatlar:

a) Fırını 250 ° C'ye önceden ısıtın.

b) Büyük bir tencere alın ve yaklaşık 2 litre su kaynatın. Kurutulmuş shiitake mantarlarını ve kombuyu ekleyin. Isıyı azaltın ve her şeyin yaklaşık 1 saat kaynamasına izin verin.

c) Kabak, soğan, sarımsak ve taze şitaki mantarlarını biraz zeytinyağı ve kırmızı biberle karıştırıp fırın tepsisine yayın.

d) Sebzeleri fırında yaklaşık 15 pişirin.

e) dakika. Sıcaklığı 225 ° C'ye düşürün ve 15 dakika daha pişirin.

f) Et suyu bir saat kaynadıktan sonra mantarları ve kombuyu çıkarın, sebzeleri ve zencefili ekleyin. Et suyunu kapağı kapalı olarak 20 dakika kaynamaya bırakın.

g) Et suyunu iyice püre haline getirin.

h) Daha sonra miso ezmesi, soya sosu, pirinç sirkesi, hindistancevizi yağı ve tuzu ekleyip suyu tekrar püre haline getirin. Gerekirse, et suyu su ile seyreltilebilir.

i) Her biri 235 ml'yi bir çorba kasesine koyun. İsteğe göre makarna ve sosları ekleyin.

9. Umami sebze suyu

porsiyon: 12

İçindekiler:

- 2 yemek kaşığı hafif miso ezmesi
- 2 yemek kaşığı kolza yağı
- 2 yemek kaşığı su
- 2 soğan (soyulmuş ve ince doğranmış)
- 2 havuç (soyulmuş ve ince doğranmış)
- 4 kereviz sapı (ince kıyılmış)
- 1 dal pırasa (ince kıyılmış)
- 1 adet rezene (ince kıyılmış)
- 5 kişniş kökü
- 1 baş sarımsak (ikiye bölünmüş)
- $\frac{1}{2}$ demet düz yapraklı maydanoz
- 5 adet kuru şitaki mantarı
- 20 gr kombu
- 2 çay kaşığı tuz
- 1 çay kaşığı karabiber

- 2 defne yaprağı
- $\frac{1}{2}$ çay kaşığı sarı hardal tohumu
- $\frac{1}{2}$ çay kaşığı kişniş tohumu
- 3,5 litre su

Talimatlar:

a) Miso ezmesini kolza tohumu yağı ve 2 yemek kaşığı su ile karıştırıp bir kenara koyun.

b) Sebzeleri, kombu ve shiitake mantarlarını bir fırın tepsisine yerleştirin. Üzerine karıştırılmış miso ezmesini gezdirin. Tamamını 150°C fırında 1 saat bekletin. Arada ters çevirin.

c) Ardından kavrulan sebzeleri geniş bir tencereye alın. Baharatları ekleyin ve suya dökün. Her şeyi kaynatın, ısıyı azaltın ve ardından 1,5 saat kaynamaya bırakın.

d) Her biri 235 ml'yi bir çorba kasesine koyun. İsteğe göre makarna ve sosları ekleyin.

10. Berrak Soğan Çorbası

Porsiyon: 6

İçindekiler

- 6 su bardağı sebze suyu (tavuk veya dana suyu da olabilir veya varsa her ikisinin karışımını da kullanabilirsiniz. sodyum oranı düşük bir çeşit kullandığınızdan emin olun)
- 2 soğan (doğranmış)
- 1 kereviz sapı (doğranmış)
- 1 havuç (soyulmuş ve doğranmış)
- 1 yemek kaşığı sarımsak (kıyılmış)
- ½ çay kaşığı zencefil (kıyılmış)
- 1 çay kaşığı susam yağı
- 1 su bardağı düğme mantar (çok ince dilimlenmiş)
- ½ su bardağı taze soğan (dilimlenmiş)
- tuz ve karabiber tatmak
- soya sosu tatmak için (isteğe bağlı)
- Sriracha'yı tatmak için (isteğe bağlı)

Talimatlar

a) Bir tavada biraz sıvı yağda soğanları hafif karamelize olana kadar soteleyin. Yaklaşık 10 dakika.

b) Havuç, kereviz, sarımsak ve zencefil, susam yağı ve et suyunu ekleyin. Tuz ve karabiberle tatlandırın.

c) Kaynatın ve ardından 30 dakika pişirin.

d) Sebzeleri et suyundan süzün.

e) Kaselere bir avuç yeşil soğan ve ince dilimlenmiş mantar ekleyin. Çorbayı üstüne gezdirin.

f) İsteğe bağlı: Tatmak için biraz soya sosu ve sriracha ekleyin.

SABAH KAHVALTISI

11. ramen omleti

Porsiyon: 6

İçindekiler

- 2 (3 oz.) paket ramen eriştesi, pişmiş
- 6 yumurta
- 1 kırmızı dolmalık biber, doğranmış
- 1 büyük havuç, rendelenmiş
- 1/2 C. parmesan peyniri, rendelenmiş

Talimatlar

a) Bir karıştırma kabı alın: Yumurtaları 1 paket ramen çeşnisiyle karıştırın.

b) Erişte, dolmalık biber ve havuç ekleyin. İyice karıştırın.

c) Başka bir şey yapmadan önce fırını 356 F'ye ısıtın.

d) Muffin kalıbını biraz tereyağı veya pişirme spreyi ile yağlayın. Hamuru kaplara kaşıkla paylaştırın.

e) Muffinleri parmesan peyniri ile kaplayın. Muffinleri fırında 16 dakika pişirin. Onlara sıcak servis yapın. Zevk almak.

12. Ramen için marine edilmiş yumurtalar

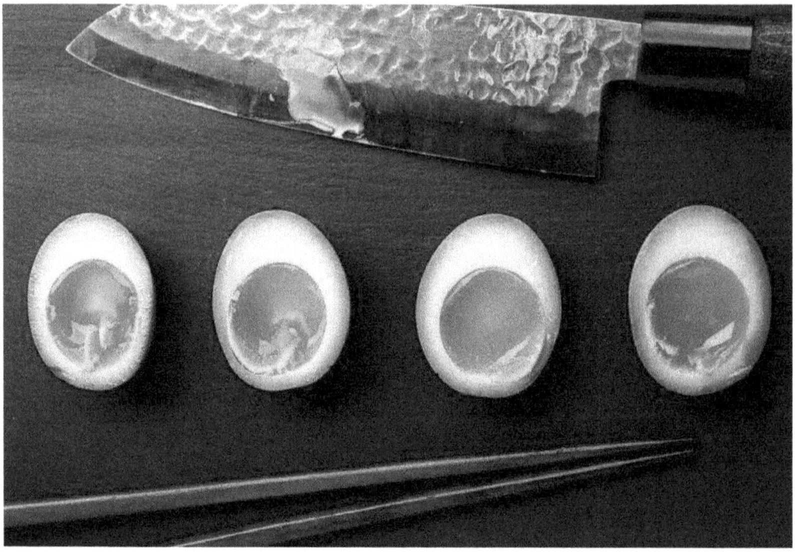

Porsiyon: 1

İçindekiler

- 6 yumurta
- 1 yemek kaşığı pirinç sirkesi
- 2 yemek kaşığı soya sosu
- 1 çay kaşığı şeker
- 1/2 çay kaşığı susam yağı

Talimatlar

a) Orta ateşte bir tencere yerleştirin. İçine yumurtaları koyun ve üzerini suyla kapatın. Kaynamaya başlayana kadar pişirin.

b) Isıyı kapatın ve kapağı koyun. Yumurtaları 10 dakika bekletin. Süre dolduğunda yumurtaları süzün ve bir kaseye koyun. Üzerlerini biraz soğuk suyla örtün ve 6 dakika bekletin. Onları soyun ve bir kenara koyun.

c) Küçük, ağır bir tencere alın: Marinayı yapmak için sirke, soya sosu, şeker ve susam yağını çırpın.

d) Kaynamaya başlayana kadar orta ateşte pişirin. Ocağı kapatın ve marineyi ılık hale gelene kadar bir kenara koyun.

e) Yumurtaları büyük bir mason kavanoza koyun ve turşuyu üzerlerine dökün. Kapatın ve 1 gün oturması için bir kenara koyun.

f) Süre dolduğunda, yumurtaları süzün ve rameninizle birlikte servis edin.

g) Zevk almak.

13. Hiroşima Okonomiyaki

Porsiyon: 2

İçindekiler:

- Su, iki yemek kaşığı
- yumurta, üç
- Pastırma, altı şerit
- Lahana, 150 gr
- Okonomiyaki unu, yarım su bardağı
- Okonomiyaki sosu, iki yemek kaşığı
- İsteğe göre palamut gevreği
- Yakisoba erişteşi, iki su bardağı
- Turşu zencefil, bir çay kaşığı
- Aonori yosunu, gerektiği gibi

Talimatlar:

a) Okonomiyaki ununu su ve bir yumurta ile topaksız pürüzsüz bir hamur elde edene kadar karıştırın.
b) Hamurun yarısını güzel bir daire şeklinde tavaya ekleyin.
c) Lahananın yarısını ve fasulye filizlerinin yarısını hamurun üzerine ekleyin ve ardından pastırmayı ekleyin.
d) Karışımın üstüne bir çorba kaşığı hamur dökün ve çevirmeden önce yaklaşık on dakika pişirin.
e) bir porsiyon yakisoba pişirin ve okonomiyaki'yi erişhtelerin üzerine taşıyın.
f) Bir kasede bir yumurta kırın ve okonomiyakinin yan tarafındaki ilk tavaya dökmeden önce sarısını kırın.
g) Okonomiyaki'yi yumurtanın üzerine yerleştirin ve iki dakika pişmeye bırakın.
h) Süsleyin ve servis yapın.

14. Japon Omleti

Porsiyon Boyutu: 1

İçindekiler:

- Soya sosu, bir yemek kaşığı
- Yumurtalar, dört
- Şeker, bir yemek kaşığı
- Mirin, bir yemek kaşığı
- Tuz, gerektiği gibi
- Yemeklik yağ, gerektiği gibi

Talimatlar:

a) Yumurta karışımınıza birer çorba kaşığı soya sosu, mirin ve şeker ve biraz tuz ekleyin.

b) Tavanıza az miktarda yemeklik yağ koyun ve orta ateşte ısıtın. Pişirme sırasında tavanın yağlı kalmasına yardımcı olmak için mutfak rulosunu el altında bulundurun.

c) Isınan tavaya yumurtalı karışımınızdan bir miktar ekleyin. Yumurta hafifçe pişince üst kısmı hala biraz pişmemiş olacak şekilde tavanızın kenarına doğru itin.

d) Mutfak rulosunu kullanarak tavaya biraz daha yağ ekleyin ve tavanıza yumurta karışımından az miktarda ekleyin.

e) Ardından, küçük bir yumurta rulosu elde edene kadar tavaya koyduğunuz karışımın üzerine yumurtanın ilk parçasını yuvarlamaya başlayabilirsiniz.

15. Japon Usulü Krep

Porsiyon Boyutu: 4

İçindekiler:

- Süt, bir buçuk su bardağı
- Kabartma tozu, iki çay kaşığı
- şeker, üç yemek kaşığı
- Kosher tuzu, yarım çay kaşığı
- Tuzsuz tereyağı, dört yemek kaşığı
- Yumurtalar, dört
- Vanilya özü, bir çay kaşığı
- Krem tartar, çeyrek çay kaşığı
- Akçaağaç şurubu, gerektiği gibi
- Çok amaçlı un, bir buçuk su bardağı

Talimatlar:

a) Un, şeker, kabartma tozu ve tuzu geniş bir kapta karıştırın.

b) Süt, eritilmiş tereyağı, vanilya ve yumurta sarısını orta boy bir kapta karışana kadar çırpın.

c) Başka bir geniş kapta yumurta aklarını ve krem tartarı çırpın.

d) Süt karışımını un karışımına yeni karışana kadar karıştırın. Ardından kalan yumurta aklarını birleşene kadar yavaşça katlayın.

e) Hazırladığınız halka kalıpları tavanın ortasına koyun ve her birini yarım su bardağı hamurla doldurun.

f) Her iki tarafta altın olana kadar pişirin.

16. Japon Kahvaltısı Pirinç Kasesi

Porsiyon Boyutu: 1

İçindekiler:

- Yumurta, bir
- İsteğe göre ince dilimlenmiş nori
- Hondashi, bir tutam
- Mirin, yarım çay kaşığı
- Soya sosu, yarım çay kaşığı
- MSG, bir tutam
- Furikake, gerektiği gibi
- Pişmiş beyaz pirinç, bir su bardağı

Talimatlar:

a) Pirinci bir kaseye koyun ve ortasına sığ bir kepçe yapın.

b) Yumurtanın tamamını ortasına kırın.

c) Yarım çay kaşığı soya sosu, bir tutam tuz, bir tutam MSG, yarım çay kaşığı mirin ve bir tutam Hondashi ile tatlandırın.

d) Yumurtayı dahil etmek için yemek çubuklarıyla kuvvetlice karıştırın; soluk sarı, köpüklü ve kabarık bir dokuya sahip olmalıdır.

e) Baharatları gerektiği gibi tadın ve ayarlayın.

f) Üzerine furikake ve nori serpip küçük bir top haline getirin ve diğer yumurta sarısını ekleyin.

g) Yemeğiniz servise hazır.

17. Tamagoyaki

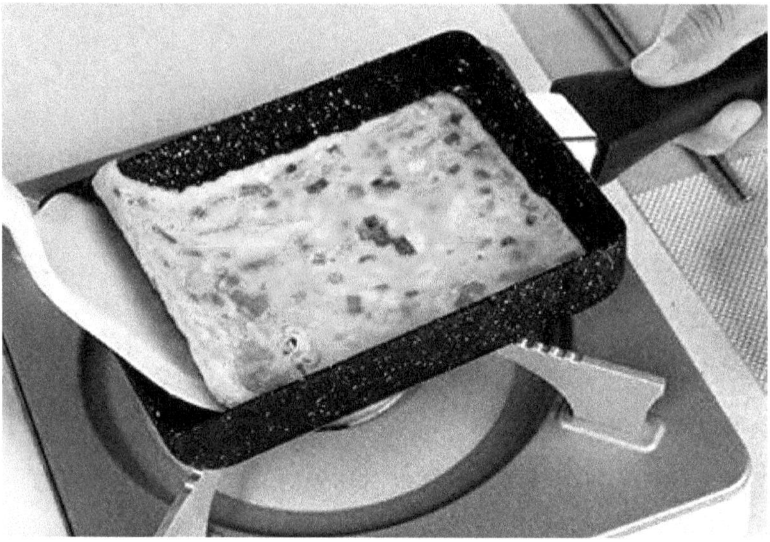

Porsiyon Boyutu: 2

İçindekiler:

- yumurta, üç
- Zeytinyağı, bir çay kaşığı
- Shirodashi, iki çay kaşığı
- Tuz, tutam
- Su, iki yemek kaşığı

Talimatlar:

a) Orta boy bir karıştırma kabına yumurtaları kırın.

b) Baharatı ekleyin ve çok fazla kabarcık oluşmasını önlemek için hepsini yavaşça karıştırın.

c) Yumurta karışımını süzgeçten birkaç kez süzün.

d) Küçük bir kaseye yaklaşık iki yemek kaşığı sıvı yağ dökün ve mutfak kağıdını ıslatın ve bir kenara koyun.

e) Tavada iki çay kaşığı zeytinyağını orta ateşte elinizi tava üzerinde gezdirdiğinizde ısıyı hissedene kadar ısıtın.

f) Yumurta karışımının dörtte birini tavaya dökün.

g) Yemek çubuklarının kenarlarıyla oluşan baloncukları kırın ve yavaşça ve hafifçe karıştırın.

18. Japon Yumurtalı Omlet Sandviç

Porsiyon Boyutu: 2

İçindekiler:

- yumurta, iki
- Japon çorbası suyu, yarım çay kaşığı
- Sıcak su, bir çay kaşığı
- Soya sosu, bir çay kaşığı
- Mayonez, gerektiği kadar
- Ekmek dilimleri, dört
- Kızartmalık yağ
- Tuz, tutam
- Biber, gerektiği gibi

Talimatlar:

a) Japon çorbası suyunu sıcak suda eritin ve soğumaya bırakın.
b) Tüm Malzemeleri çırpma teli ile karıştırın.
c) 12 cm×12 cm ısıya dayanıklı bir kaba ince ince yağ koyun.
d) Kabı sarın ve mikrodalgada bir dakika otuz saniye ısıtın.
e) Çıkarın ve serin tutun. Fazla nemi mutfak kağıdıyla silin.
f) Mayonezi ekmeklerin bir yüzüne yayın. Omlet üzerine koyun ve dört parçaya bölün.
g) Yemeğiniz servise hazır.

19. Japon Rulo Omleti

Porsiyon Boyutu: 4

İçindekiler:

- yumurtalar, altı
- Daikon, servis için
- Soya sosu, bir çay kaşığı
- Tuz, bir çay kaşığı
- Mirin, bir yemek kaşığı
- Pudra şekeri, bir yemek kaşığı
- Shiso gerektiği gibi ayrılır
- Kızartmalık yağ

Talimatlar:

a) Dashi stokunu mirin, şeker, soya sosu ve tuzla karıştırın.

b) Çırpılmış yumurtalara ekleyin ve iyice karıştırın. Omlet tavasını orta ateşte ısıtın.

c) Biraz yumurta karışımı dökün ve eşit şekilde kaplamak için tavayı eğin.

d) Rulo haline getirilmiş omleti tavada tutun ve sizden en uzak tarafa doğru itin.

e) Yine boş olan kısma bir miktar yumurtalı karışımdan dökün, ilk yufkayı çubuklarla yukarı kaldırın ve yumurtalı karışımın altına akmasını sağlayın.

f) Tüm yumurta karışımı bitene kadar işlemi tekrarlayın.

20. Hiroşima Okonomiyaki

Porsiyon Boyutu: 2

İçindekiler:

- Su, iki yemek kaşığı
- yumurta, üç
- Pastırma, altı şerit
- Lahana, 150 gr
- Okonomiyaki unu, yarım su bardağı
- Okonomiyaki sosu, iki yemek kaşığı
- İsteğe göre palamut gevreği
- Yakisoba eriştesi, iki su bardağı
- Turşu zencefil, bir çay kaşığı
- Aonori yosunu, gerektiği gibi

Talimatlar:

a) Okonomiyaki ununu su ve bir yumurta ile topaksız pürüzsüz bir hamur elde edene kadar karıştırın.

b) Hamurun yarısını güzel bir daire şeklinde tavaya ekleyin.

c) Lahananın yarısını ve fasulye filizlerinin yarısını hamurun üzerine ekleyin ve ardından pastırmayı ekleyin.

d) Karışımın üstüne bir çorba kaşığı hamur dökün ve ters çevirmeden önce yaklaşık on dakika pişirin.

e) bir porsiyon yakisoba pişirin ve okonomiyaki'yi eriştelerin üzerine taşıyın.

f) Bir kasede bir yumurta kırın ve okonomiyakinin yan tarafındaki ilk tavaya dökmeden önce sarısını kırın.

g) Okonomiyaki'yi yumurtanın üzerine yerleştirin ve iki dakika pişmeye bırakın.

h) Süsleyin ve servis yapın.

MEZELER VE ATIŞTIRMALAR

21. Nane erişte kurabiye

Porsiyon: 24

İçindekiler

- 4 (3 oz.) paket ramen eriştesi, pişmemiş
- 1 (16 oz.) poşet bitter çikolata parçaları
- 12-14 damla nane özü
- 1-2 damla mızrak nane özü
- 1-2 damla keklik üzümü özü
- 24 lolipop çubuğu
- 1/2 çay kaşığı tereyağı (isteğe bağlı)

Talimatlar

a) Erişteleri parçalara ayırın ve bir karıştırma kabına koyun. Düşük ısıya bir tencere koyun. İçine damla çikolataları tereyağ ile eriyene kadar karıştırın.

b) Nane özünü karıştırın. 1 dakika pişirin. Karışımı eriştelerin üzerine dökün ve iyice karıştırın.

c) Karışımı büyük bir yemek kaşığıyla kurabiye şeklinde dizilmiş bir fırın tepsisine yayın. tavayı en az 1 saat buzdolabına koyun. Kurabiyelerinizi en sevdiğiniz soslarla servis edin.

d) Zevk almak.

22. Kızarmış ramen halkaları

Porsiyon: 1

İçindekiler

- Kızartma Hamuru, 2 C ayırın.
- 1 C. kendiliğinden kabaran un
- 1 çay kaşığı tuz
- 1/4 çay kaşığı biber
- 2 yumurta, çırpılmış
- 1 C. bira veya süt
- Soğanlar
- 2 (3 oz.) paket ramen eriştesi, pakette kızartmak için ayrılmış yağ
- 1 büyük Vidalia soğan, halkalı

Talimatlar

a) Büyük bir karıştırma kabı alın: Unu, yumurtaları, birayı, bir tutam tuzu ve karabiberi çırpın.

b) Bir mutfak robotu edinin: Bir rameni ikiye bölün ve öğütülene kadar işleyin. Un karışımına ekleyin ve iyice karıştırın. Diğer ramenleri ince ince ezin ve sığ bir tabağa koyun. Üzerine baharat paketini ekleyin ve iyice karıştırın.

c) Orta ateşte büyük bir tava yerleştirin. 3/4 inç yağ ile doldurun ve ısıtın.

d) Soğan halkalarını unlu hamurla kaplayın ve ezilmiş erişte karışımına batırın. Onları sıcak yağa koyun ve altın kahverengi olana kadar pişirin.

e) Soğan halkalarınızı en sevdiğiniz sosla servis edin.

f) Zevk almak.

23. Sahte biberli ramen pizza

Porsiyon: 6

İçindekiler

- 1 (3 oz.) paket ramen eriştesi, herhangi bir aroma
- 1 yemek kaşığı zeytinyağı
- 1 (14 oz.) kavanoz spagetti sosu
- 1 C. az yağlı mozzarella peyniri, kıyılmış
- 3 ons hindi biberli
- 1/2 çay kaşığı kurutulmuş kekik

Talimatlar

a) Herhangi bir şey yapmadan önce, fırın ızgarasını önceden ısıtın.

b) Erişteleri baharat paketi olmadan paketin üzerindeki talimatlara göre hazırlayın. Boşaltın.

c) Orta ateşte büyük bir fırına dayanıklı tava yerleştirin. İçindeki yağı ısıtın. Erişteleri soteleyin ve kabuğunu yapmak için 2 dakika dibine bastırın.

d) Sosu eriştelerin her yerine dökün ve 2 oz ile doldurun. biber dilimleri. Peyniri üstüne serpin, ardından kalan pepperoni ve kekik serpin.

e) Tavayı fırına aktarın ve 2 ila 3 dakika veya peynir eriyene kadar pişirin.

f) Pizzanızın 6 dakika ısısını kaybetmesine izin verin. servis et.

g) Zevk almak.

24. Tay ramen sığır eti satay

Porsiyon: 4

İçindekiler

turşusu

- 2 yemek kaşığı soya sosu
- 2 yemek kaşığı limon suyu
- 1 1/2 çay kaşığı şeker
- 1 1/2 çay kaşığı taze zencefil, rendelenmiş, soyulmuş
- 1 diş sarımsak, rendelenmiş (isteğe bağlı)
- 1/4 çay kaşığı kırmızı biber gevreği (isteğe bağlı)
- 2 lbs. tahıl karşı ince dilimlenmiş gögüs biftek

Fıstık Ramen Sır

- 1 yemek kaşığı limon suyu
- 1 çay kaşığı şeker
- 1 çay kaşığı taze zencefil, rendelenmiş ve soyulmuş
- 1/3 C. kremalı fıstık ezmesi
- 1/3 C. su
- 1 yemek kaşığı soya sosu
- 1/4 çay kaşığı kırmızı biber gevreği (isteğe bağlı)
- 1/4 C kavrulmuş yer fıstığı, doğranmış
- 3 yeşil soğan, dilimlenmiş
- bitkisel yağ, ızgara için
- 2 (3 oz.) paket ramen eriştesi, pişirilmiş, paketi çıkarılmış

Talimatlar

a) 12 adet tahta şişi biraz suya koyun ve 16 dakika bekletin. Bir kızartma tavası alın: Marinayı yapmak için 2 yemek kaşığı soya sosu ve limon suyu ile 1 1/2 çay kaşığı şeker ve zencefil, sarımsak ve / veya 1/4 çay kaşığı isteğe bağlı kırmızı biber pullarını karıştırın.

b) Sığır dilimlerini turşuya ekleyin ve kaplamak için fırlatın. 12 dakika oturmak için bir kenara koyun.

c) Bir mutfak robotu alın: 1 çorba kaşığı limon suyu, 1 çay kaşığı şeker ve 1 çay kaşığı zencefili fıstık ezmesi ve 1/3 C. su ile karıştırın. Pürüzsüz hale gelene kadar işleyin.

d) Soya sosunun geri kalanını ekleyin ve tekrar işleyin. Karışımı küçük karıştırma kabına dökün.

e) Sosu yapmak için doğranmış yer fıstığı ve yeşil soğanı ve isteğe bağlı olarak kalan 1/4 çay kaşığı kırmızı pul biberi karıştırın. Başka bir şey yapmadan önce ızgarayı önceden ısıtın ve yağlayın.

f) Dana dilimlerini süzün ve tahta şişlere geçirin. Sığır eti dilimlerini ızgarada her iki tarafta 4 ila 5 dakika pişirin.

g) Makarnaları servis kaselerine paylaştırın. Üzerine fıstık sosunu gezdirin ve ızgara dana etini üstüne koyun. Onlara sıcak servis yapın. Zevk almak.

25. Sahte ramen çöreği

Porsiyon: 4

İçindekiler

- 2 (3 oz.) paket ramen eriştesi
- 1 pound kıyma
- 1 (15 oz.) kutu tatlı mısır
- 1/2 C. soğan, doğranmış
- sebze yağı

Talimatlar

a) Herhangi bir şey yapmadan önce fırını 350 F'ye ısıtın.

b) Makarnaları paketin üzerindeki tarife göre hazırlayın. Orta ateşte büyük bir tava yerleştirin. İçinde bir miktar yağ ısıtın. İçinde soğanlı dana eti 12 dakika pişirin.

c) Karışımı yağlanmış fırın tepsisinin tabanına yayın. Süzdükten sonra tatlı mısır ve ramen erişte ile doldurun.

d) Güveçi fırına koyun ve 14 ila 16 dakika pişirin. Servis et

26. Japon baharatlı beyaz sos

İçindekiler

- $2\frac{1}{4}$ bardak Japon mayonezi
- $1\frac{1}{4}$ çay kaşığı sarımsak tozu
- 1 fincan. Ketçap
- 1 yemek kaşığı pulbiber
- $3\frac{1}{4}$ yemek kaşığı şeker
- 2 çay kaşığı soğan tozu
- $1\frac{1}{4}$ çay kaşığı acı biber
- 1 çay kaşığı deniz tuzu
- $1\frac{1}{2}$ çay kaşığı sriracha sosu
- 1 fincan. su

Talimatlar

a) Temiz geniş bir kapta, tüm Malzemeleri dökün
b) Topaksız olana kadar iyice karıştırın ve çırpın
c) Kullanmaya hazır olana kadar buzdolabında bekletin
d) Pirinç, makarna veya sebze salatası sosu ile servis yapın

27. Japon somonu ve salatalık ısırıkları

İçindekiler

a) 1 salatalık Cesurca dilimlenmiş
b) $\frac{1}{2}$ pound somon fileto
c) 1 $\frac{1}{4}$ çay kaşığı soya sosu
d) 2 yemek kaşığı yeşil soğan. ince kıyılmış
e) 1 tatlı kaşığı mirin
f) 1 Ichimi togarashi (Japon acı biberi)
g) 1 çay kaşığı susam yağı
h) $\frac{1}{2}$ çay kaşığı siyah susam

Talimatlar

i) Küçük bir karıştırma kabında somon, soya sosu, yeşil soğan, susam yağı ve mirin'i birleştirin.
j) Salatalık dilimlerini bir tabağa koyun, üzerine bir kaşık somon balığı koyun ve kalan yeşil soğan ve susamları gezdirin.

28. Japon keto-bamya kasesi

İçindekiler

- 2 parmak bamya
- 2 yemek kaşığı soya sosu
- 2 yemek kaşığı palamut gevreği
- 2 yemek kaşığı sap/keşiş meyvesi
- 2 yemek kaşığı su
- 2 yemek kaşığı sake
- 2 çay kaşığı susam, kızarmış
- 2 yemek kaşığı palamut gevreği

Talimatlar

a) 2 su bardağı suyu ocakta kaynatın

b) Başka bir tencerede soya sosu, palamut pulları, 2 çay kaşığı su, sake, sap ve 1 dakika soteleyin.

c) Şimdi kaynayan suya geri dönün ve bamyayı atın, 3 dakika veya yumuşayana kadar pişirin.

d) Süzün ve kalın dilimler halinde doğrayın

e) Dilimlenmiş bamyayı bir kaseye alın ve üzerine sosu dökün.

f) Susam ve palamut gevreği ile süsleyin

29. Soslu çıtır tavuk

İçindekiler

- 1 lb kemiksiz tavuk budu veya göğsü. Küp veya şeritler halinde kesin
- 3 $\frac{1}{2}$ çay kaşığı soya sosu
- 2 çay kaşığı taze sıkılmış zencefil suyu
- 3 yemek kaşığı Japon mirin
- $\frac{1}{2}$ fincan. Kızartmak için kanola yağı
- 8 yemek kaşığı Japon usulü sake
- 3 yemek kaşığı susam
- $\frac{1}{4}$ fincan. Mısır nişastası

Talimatlar

a) Büyük bir kaseye tavuğu koyun ve zencefil suyu, Japon sake, soya sosu ve mirin ile baharatlayın. 25 dakika marine edin

b) Mısır nişastasını tavuğun üzerine gezdirin, unla iyice kaplandıklarından emin olun. Fazla unu silkeleyin ve tepsiye dizin

c) Yağı bir tavada ısıtın ve tavuğu derince kurutun

d) 3 çay kaşığı beyaz miso ezmesi, 3 çorba kaşığı mayonez, 3 çay kaşığı Japon pirinç sirkesi veya elma sirkesi, bir tutam tuz ve 2 çay kaşığı balı birlikte çırpın.

e) Tamamen pişip kahverengileştiğinde tavuğu çıkarın

f) Mayonez sosu veya tercih ettiğiniz sos ile servis yapın

30. Japon çömlekçileri

İçindekiler

- 1 ons wonton sarmalayıcılar
- 1 $\frac{1}{2}$ su bardağı kıyılmış lahana
- $\frac{1}{2}$ fincan. Asya yeşil soğanı, doğranmış
- $\frac{1}{4}$ fincan. Havuçlar. kıyılmış
- 1 kiloluk domuz eti
- Susam yağı
- 1 diş sarımsak
- 1 sarımsak, ince kıyılmış
- 1 yemek kaşığı soya sosu
- 1 zencefil, rendelenmiş

Talimatlar

a) İyice karışana kadar domuz eti, havuç, lahana, susam yağı, sarımsak, soya sosu ve zencefili birleştirin.
b) Wonton sarmalayıcılarını unlu bir platform üzerine yayın
c) Her bir ambalajın ortasına bir kaşık dolusu doldurun
d) Sargıları suyla nemlendirin ve her birini bir sargıya katlayın
e) Bir desen yapmak için kenarları ince ayar yapın
f) Köfteleri ısıtılmış yağa koyun ve kızarana kadar kızartın veya bir buharlı tencerede pişirin.

31. Japon teriyaki köftesi

İçindekiler

- 1 (30 ons) paket dondurulmuş köfte
- 1 (14 ons) teriyaki sosu veya kendinizinkini yapın
- Pişmiş pirinç
- 1 su bardağı ananas parçaları

Talimatlar

a) Orta ateşte, çözülmüş köfteleri ve teriyaki sosunu büyük bir tavaya atın.

b) Ananas küplerini ekleyin ve karıştırmak için karıştırın. ısıyı kapat

c) Bir yere pirinçten büyük bir parça alıp hazırladığınız köfteleri üzerine dökün.

32. Japon Yaz Sandviçleri

Porsiyon: 2

İçindekiler:

- Ekmek dilimleri, altı
- çilek, bir su bardağı
- Krem şanti, bir su bardağı

Talimatlar:

a) İlk önce ekmeğinizi hazırlamalısınız.

b) Yarım su bardağı krem şantiyi bir kapta katılaşana kadar çırpın ve ekmeğin üzerine eşit şekilde yayın.

c) Sonra yıkayın, saplarını kesin ve her çileği ortadan ikiye bölün.

d) Sandviçiniz servise hazır.

33. Soslu Taze Çin Böreği

Porsiyon: 4

İçindekiler:

- Karides, yarım kilo
- Yeşil fasulye, bir su bardağı
- İsteğe göre nane veya kişniş yaprağı
- Pirinç kağıdı ambalajı, on iki
- Frenk soğanı, yarım su bardağı
- Mayonez, iki yemek kaşığı
- Fasulye biber salçası, bir çay kaşığı
- Miso ezmesi, bir çay kaşığı

Talimatlar:

a) Küçük bir tencereye biraz su doldurun ve biraz tuz ekleyin.
b) Karidesleri ekleyin ve parlak pembe olana kadar yaklaşık 5 dakika kaynatın.
c) Ayrı bir tencerede yeşil fasulyeleri beş dakika haşlayın.
d) Pirinç kağıdını temiz bir bezin üzerine yayın.
e) Nane veya kişniş yapraklarını pirinç kağıdının altına dizin ve ortasına karides yarımlarını ekleyin.
f) Yeşil fasulye ve bir bütün frenk soğanı veya taze soğan ile doldurun.
g) Tatmak için üstüne biraz tuz serpin.
h) Kenarları içe katlayın ve tüm Malzemelerin içeride olduğundan emin olmak için sıkıca rulo yapın.
i) Tüm malzemeleri karıştırarak dip sosunu hazırlayın.
j) Daldırma soslu böreği atıştırmalık veya garnitür olarak servis edin.

34. Karaage Japon Kızarmış Tavuk

Porsiyon: 6

İçindekiler:

- Soya sosu, üç yemek kaşığı
- Kemiksiz Tavuk budu, bir pound
- Sake, bir yemek kaşığı
- Gal ve zencefil ezmesi, bir çay kaşığı
- Katakuriko patates nişastası, çeyrek su bardağı
- İsteğe göre Japon mayonezi
- Yemeklik yağ, gerektiği gibi

Talimatlar:

a) Tavuğu ısırık büyüklüğünde parçalar halinde kesin.
b) Zencefili, sarımsağı, soya sosu ve pişirme sakesini bir kaseye ekleyin ve birleşene kadar karıştırın.
c) Tavuğu ekleyin, iyice kaplayın ve yirmi dakika marine etmeye bırakın.
d) Fazla sıvıyı tavuktan boşaltın ve katakuriko patates nişastanızı ekleyin. Parçalar tamamen kaplanana kadar karıştırın.
e) Bir tavada biraz yemeklik yağı yaklaşık 180 dereceye kadar ısıtın ve biraz un ekleyerek sıcaklığı test edin.
f) Her seferinde birkaç parçayı derin altın-kahverengi bir renk alana kadar birkaç dakika kızartın, ardından çıkarın ve bir tel ızgara veya mutfak rulosu üzerinde süzülmeye bırakın.
g) Biraz limon dilimleri ve biraz Japon mayonezi ile sıcak veya soğuk servis yapın.

35. Tazukuri Şekerlenmiş Sardalya

Porsiyon: 4

İçindekiler:

- Kavrulmuş susam, bir yemek kaşığı
- Bal, bir yemek kaşığı
- Soya sosu, bir yemek kaşığı
- Şeker, bir yemek kaşığı
- Bal, bir yemek kaşığı
- Aromalı yağ, bir yemek kaşığı
- Sake, bir çay kaşığı
- Bebek sardalya, bir su bardağı

Talimatlar:

a) Tüm Malzemeleri toplayın. Ayrıca parşömen kağıdı ile kaplı bir fırın tepsisine ihtiyacınız olacak.

b) Kurutulmuş bebek sardalyaları bir tavaya koyun ve orta-düşük ateşte birkaç dakika veya çıtır çıtır olana kadar kızartın.

c) Susam tohumlarını tavaya ekleyin ve iki dakika kızartın.

d) Susamların yanmaması için tavayı sürekli salladığınızdan emin olun.

e) Aynı tavada sake, soya sosu ve şekeri ekleyin. Bal ve yağ ekleyin.

f) Orta-düşük ısıda kaynamaya getirin ve sos koyulaşana kadar sosu azaltın ve tavanın yüzeyine silikon bir spatula ile bir çizgi çizin.

g) Sardalyaları tekrar tavaya ekleyin ve sosu ile kaplayın.

36. Yakitori Izgara Şiş

Porsiyon: 12

İçindekiler:

- Teriyaki sosu, yarım su bardağı
- Yeşil arpacık soğanı, iki
- Tavuk budu, iki pound

Talimatlar:

a) Teriyaki sosunu küçük bir tencerede orta-yüksek ateşte ısıtın. Kaynamaya bırakın ve sosu kalınlaştırmak için azaltın.

b) Arpacık soğanlarının beyaz olan uç kısımlarını uzun parçalar halinde kesin.

c) Şişleri hazırlayın.

d) Barbekü ızgarasını önceden ısıtın ve zeytinyağı ile kaplayın.

e) Tavuğu kızarana kadar pişirmek için yakitori tavuk şişlerini ızgara tarafına yerleştirin.

f) Şişleri ters çevirin ve diğer tarafları kızarana veya tavuk eti beyazımsı bir renk alana kadar pişirin.

g) Teriyaki sosunu tavuk şişlerin üzerine gezdirin. Bir tarafı bulandığında şişleri ters çevirin ve tarafına Yakitori sosu sürün.

h) Yukarıdaki işlemi bir kez daha tekrarlayın ve ardından ısıyı kapatın.

i) Yakitori şişlerini pilav üzerinde veya yeşil salata ile servis edin.

37. tatlı zencefilli köfte

Porsiyon: 4

İçindekiler:

- Zencefil ve sarımsak ezmesi, bir yemek kaşığı
- Yumurtalar, bir
- Öğütülmüş hindi, bir pound
- Susam yağı, yarım çay kaşığı
- Soya sosu, dört yemek kaşığı
- Ekmek kırıntıları, yarım su bardağı
- Hoisin, iki yemek kaşığı
- İsteğe göre doğranmış taze soğan
- İsteğe göre susam

Talimatlar:

a) Fırını 400 dereceye ısıtın ve büyük bir fırın tepsisini hafifçe yağlayın.
b) Büyük bir kapta hindi, sarımsak, zencefil ekleyin ve iyice karıştırın.
c) Ardından yumurta, panko, susam yağı ve soya sosunu ekleyip iyice karıştırın.
d) Köfteleri yuvarlayıp fırın tepsisine dizin.
e) On dakika pişirin ve ardından tavayı döndürün ve on dakika daha pişirin.
f) Köfteleri hepsine uyacak geniş bir sote tavasına aktarın.
g) Küçük bir kapta kalan soya sosu ve kuru üzümü karıştırın.
h) Köfteleri köpüren ve kalınlaşan sosta kaplayın ve çevirin ve birkaç dakika pişirin.
i) Köfteleri çıkarın, bir kaseye ekleyin ve kalan sosu köftelerin üzerine dökün.

38. Satsuma Age Kızarmış Balık Kek

Porsiyon: 4

İçindekiler:

- Şeker, iki yemek kaşığı
- Yumurtalar, bir
- Balık filetosu, bir pound
- Tuz, gerektiği gibi
- Zencefil suyu, yarım çay kaşığı
- Su, iki yemek kaşığı
- Sebzeleri karıştırın, iki bardak
- Soya sosu, bir yemek kaşığı

Talimatlar:

a) Balık filetosunu mutfak robotunda daha kolay ezmek için küçük parçalar halinde kesin.

b) Balık parçalarını, sake, zencefil suyu, tuz ve şekeri bir mutfak robotuna ekleyin ve karışım macun kıvamına gelene kadar çekin.

c) Balık ezmesine yumurta ekleyin ve iyice karıştırın.

d) Tüm sebze karışımını geniş bir kaba ekleyin ve sebze parçalarının mısır unu ile eşit şekilde kaplanmasını sağlayarak iyice karıştırın.

e) Balık ezmesini kaseye ekleyin ve iyice karıştırın.

f) Yağı derin bir tavada veya tavada 170 dereceye kadar ısıtın.

g) Balık köftesi karışımını alın ve bir top yapın.

h) Balık köftesinin alt tarafı altın rengi kahverengi olana kadar kızartın.

i) Balık köftesini çıkarın ve yağı bir rafa veya mutfak kağıdına boşaltın.

39. Nori Yosun Patlamış Mısır

Porsiyon: 6

İçindekiler:

- Çörek otu, bir yemek kaşığı
- Esmer şeker, bir yemek kaşığı
- Tuz, yarım çay kaşığı
- Hindistan cevizi yağı, yarım çay kaşığı
- Patlamış mısır tanesi, yarım su bardağı
- Tereyağı, iki yemek kaşığı
- Nori yosun gevreği, bir yemek kaşığı

Talimatlar:

a) Bir tokmak ve havanda, nori deniz yosunu pullarını, susam tohumlarını, şekeri ve tuzu ince bir toz haline getirin.

b) Hindistan cevizi yağını büyük, kalın tabanlı bir tencerede eritin.

c) Patlamış mısır tanelerini ekleyin, bir kapakla örtün ve patlayana kadar orta ateşte pişirin.

d) Mısır patladıktan sonra hemen geri kalan mısırı ekleyin, kapağı kapatın ve tavayı ara sıra sallayarak tüm taneler patlayana kadar pişirin.

e) Patlamış mısırı geniş bir kaseye aktarın ve kullanılıyorsa üzerine eritilmiş tereyağını dökün.

f) Tatlı ve tuzlu nori karışımınızın üzerine serpin ve her parça kaplanana kadar ellerinizi kullanarak iyice karıştırın.

g) Kalan susam ile doldurun.

40. Soya ile marine edilmiş mantarlar

İçindekiler

- 4 paket enoki mantarı veya tercih ettiğiniz mantar
- 2 yemek kaşığı soya sosu
- 3 yemek kaşığı ayçiçek yağı
- 3 yemek kaşığı pirinç sirkesi
- 3 yemek kaşığı mitsuba. güzel doğranmış
- 2 kırmızı acı biber.
- koşer tuzu
- 2 yemek kaşığı yeşil shiso. İnce doğranmış

Talimatlar

a) Düşük ısıda, yağı bir tencereye dökün ve ısıtın

b) Kızgın yağa mantarları ekleyin ve tüm yağı çekene kadar karıştırarak kavurun.

c) Ocağı kapatın ve soya sosu, sirke, shiso, mitsuba, tuz ve karabiberi ilave edin.

d) Soğuduğunda servis yapın veya soğutun.

ANA DİL

41. Karabiber soslu tofu

İçindekiler

- 1 fincan. Mısır nişastası
- 1 $\frac{1}{2}$ çay kaşığı beyaz biber
- 16 oz sert tofu, mükemmel şekilde süzülmüş
- 4 yemek kaşığı bitkisel yağ
- 1 çay kaşığı koşer tuzu
- 2 taze soğan, ince dilimlenmiş
- 3 kırmızı biber, çekirdekleri çıkarılmış ve güzelce dilimlenmiş

Talimatlar

a) Tofu'nun iyi drene edildiğinden emin olun ve bir kağıt havluyla kurulayın. Tüm sıvıyı çıkarmak için üzerine ağır bir kesme tahtası bastırabilirsiniz.
b) Tofuyu ince, sağlam küpler halinde dilimleyin
c) Mısır nişastasını beyaz biber ve tuzla karıştırın.
d) Tofuyu un karışımına atın, küplerin iyice kaplandığından emin olun.
e) Onları bir Ziploc torbasında 2 dakika bekletin
f) Yağı yapışmaz bir tavaya dökün, sıcakken tofu küplerini çıtır küpler halinde kızartın.
g) Gruplar halinde kızartın ve
h) Dilimlenmiş biber ve yeşil soğan ile süsleyin

42. Agedashi Tofu

Porsiyon Boyutu: 3

İçindekiler:

- Aromalı yağ, üç su bardağı
- Mısır nişastası, dört yemek kaşığı
- Soya sosu, iki yemek kaşığı
- Katsuobishi, gerektiği gibi
- Tofu, bir blok
- Mirin, iki yemek kaşığı
- Daikon turp, gerektiği gibi
- Arzuya göre taze soğan
- Shichimi Togarashi, bir avuç
- Dashi, bir fincan

Talimatlar:

a) Tofuyu üç kat kağıt havluyla sarın ve üstüne başka bir tabak yerleştirin. Suyu on beş dakika boyunca tofudan boşaltın.

b) Daikonu soyun ve rendeleyin ve yavaşça suyunu sıkın. Yeşil soğanı ince dilimler halinde kesin.

c) Küçük bir tencereye dashi, soya sosu ve mirin koyun ve kaynatın.

d) Tofuyu kağıt havlulardan çıkarın ve sekiz parçaya bölün.

e) Tofuyu patates nişastası ile kaplayın, fazla un bırakın ve hemen açık kahverengi ve çıtır çıtır olana kadar derin kızartın.

f) Tofuyu çıkarın ve kağıt havlu veya tel ızgara ile kaplı bir plaka üzerinde fazla yağı boşaltın.

g) Servis yapmak için tofuyu bir servis kasesine koyun ve tofuyu ıslatmadan sosu yavaşça dökün.

43. Susamlı shiso pirinci

İçindekiler

- 2 bardak. pişmiş pirinç (kısa taneli)
- 12 shiso yaprağı
- 6 parça umeboshi, Çekirdeksiz ve doğranmış
- 2 yemek kaşığı susam, güzelce kızartılmış

Talimatlar

a) Temiz, derin bir kapta pişmiş pirinç, umeboshi, shiso yaprakları ve susam tohumlarını birleştirin.

b) Servis

44. japon patates salatası

İçindekiler

- 2 pound rus patates. Soyulmuş, pişmiş ve ezilmiş
- 3 salatalık. ince dilimlenmiş
- $\frac{1}{4}$ çay kaşığı deniz tuzu
- 3 çay kaşığı pirinç şarabı sirkesi
- 1 yemek kaşığı Japon hardalı
- 7 yemek kaşığı Japon mayonezi
- 2 havuç Dörde bölünmüş ve ince dilimlenmiş
- 1 adet kırmızı kuru soğan. ince dilimlenmiş

Talimatlar

a) Dilimlenmiş salatalığı bir kaseye alın, üzerlerine biraz tuz serpin ve 12 dakika bekletin. Fazla suyu boşaltın ve salatalıkları bir kağıt havluyla kurulayın.

b) Küçük bir kapta hardal, mayonez ve sirkeyi karıştırın

c) Başka bir büyük kapta patates püresini, mayonez karışımını, salatalıkları ve havuçları katlayın. Eşit bir karışım elde etmek için iyice karıştırın

45. Natto

Porsiyon Boyutu: 1

İçindekiler:

- yeşil soğan, garnitür için
- Natto, bir yemek kaşığı
- Soya sosu, yarım çay kaşığı
- Saikkyo, bir buçuk çay kaşığı
- Tofu, yarım blok
- Miso, iki yemek kaşığı
- Wakame tohumları, bir avuç
- Dashi, iki bardak

Talimatlar:

a) Dashi'yi bir çorba tenceresinde kaynama noktasına getirin ve bir kaşık dolusu natto'yu sıvıya koyun. İki dakika kaynatın.
b) Miso hamurlarını tencereye koyun ve hamurları dashi içinde eritmek için bir kaşığın arkasını kullanın.
c) Wakame ve tofuyu ekleyin ve 30 saniye daha pişirin.
d) Frenk soğanı ile süsleyin.
e) Hemen servis yapın.

46. Nasu Dengaku

Porsiyon Boyutu: 4

İçindekiler:

- Japon patlıcanı, üç
- Aromalı yağ, bir yemek kaşığı
- Sake, iki yemek kaşığı
- Şeker, iki yemek kaşığı
- Miso, dört yemek kaşığı
- İsteğe göre susam
- Tofu, bir blok
- Mirin, iki yemek kaşığı
- Daikon turp, üç
- Konnyaku, bir avuç

Talimatlar:

a) Sake, mirin, şeker ve misoyu bir tencerede birleştirin.

b) Birleştirmek için iyice karıştırın ve ardından en düşük ısıda hafif bir kaynamaya getirin. Sürekli karıştırarak birkaç dakika pişirin.

c) Tofuyu iki yaprak kağıt havluyla sarın ve tofuyu iki tabak arasında 30 dakika bastırın.

d) Tofu ve patlıcanları parşömen kağıdı veya silikon fırın tepsisiyle kaplı kenarlı bir fırın tepsisine yerleştirin. Bir fırça ile tofu ve patlıcanların üstüne ve altına bitkisel yağ sürün.

e) 400 derecede yirmi dakika veya patlıcan yumuşayana kadar pişirin.

f) Miso sırının bir kısmını tofu ve patlıcanlarınızın üzerine dikkatlice kaşıklayın ve eşit şekilde yayın. Beş dakika kaynatın.

47. Biftek ile Ramen Noodle Tava

Porsiyon: 2

İçindekiler:

- soğan, bir
- havuç, yarım su bardağı
- Kıyma, yarım kilo
- Kanola yağı, bir yemek kaşığı
- Ketçap, iki yemek kaşığı
- Tatmak için biber ve tuz
- Mısır nişastası, bir çay kaşığı
- Et suyu, bir su bardağı
- Sake, bir yemek kaşığı
- Haşlanmış yumurta, bir
- Worcestershire sosu, bir yemek kaşığı

Talimatlar:

a) Orta-yüksek ateşte büyük bir tavada, ısı yağı.
b) Biftek ekleyin ve ortam için her bir tarafta yaklaşık beş dakika olmak üzere istediğiniz tamamlanana kadar kavurun, ardından bir kesme tahtasına aktarın ve beş dakika dinlendirin ve ardından dilimleyin.
c) Küçük bir kapta soya sosu, sarımsak, limon suyu, bal ve kırmızı biberi bir araya gelene kadar çırpın ve bir kenara koyun.
d) Tavaya soğan, biber ve brokoli ekleyin ve yumuşayana kadar pişirin, ardından soya sosu karışımını ekleyin ve tamamen kaplanana kadar karıştırın.
e) Pişmiş ramen eriştelerini ve bifteği ekleyin ve birleştirilene kadar fırlatın.

48. Peynirli Ramen Carbonara

Porsiyon: 4

İçindekiler:

- Dashi, bir fincan
- Zeytinyağı, bir yemek kaşığı
- Pastırma dilimleri, altı
- Tuz, gerektiği gibi
- Kıyılmış sarımsak, iki
- İsteğe göre maydanoz
- Parmesan peyniri, yarım su bardağı
- Süt, iki yemek kaşığı
- yumurta, iki
- Ramen paketi, üç

Talimatlar:

a) Tüm Malzemeleri birleştirin.

b) Erişteleri paket talimatlarına göre kaynatın.

c) Gerekirse sosu daha sonra gevşetmek için çeyrek bardak pişirme suyu ayırın. Erişteleri süzün ve yapışmamaları için zeytinyağı ile atın.

d) Orta tavada orta ateşte ısıtın. Pastırma parçalarını kahverengi ve gevrek olana kadar pişirin. Erişteleri tavaya ekleyin ve erişteler pastırma yağıyla kaplanana kadar pastırmayla birlikte atın.

e) Yumurtaları çatalla çırpın ve parmesan peyniri ile karıştırın. Yumurta-peynir karışımını tavaya dökün ve pastırma ve erişte ile atın.

49. Dört Malzemeli ramen

Porsiyon: 2

İçindekiler

- 1 (3 oz.) paket ramen eriştesi, herhangi bir aroma
- 2 C. su
- 2 yemek kaşığı tereyağı
- 1/4 C. süt

Talimatlar

a) Orta ateşte bir tencereye koyun ve çoğunu suyla doldurun. Kaynamaya başlayana kadar pişirin.

b) Erişteleri karıştırın ve 4 dakika pişmesine izin verin. suyu boşaltın ve erişteleri boş bir tencereye koyun.

c) Sütü tereyağı ve baharat karışımı ile karıştırın. 3 ila 5 dakika kısık ateşte krema kıvamına gelene kadar pişirin. Sıcak servis yapın. Zevk almak.

50. ramenli lazanya

Porsiyon: 4

İçindekiler

- 2 (3 oz.) paket ramen eriştesi
- 1 pound kıyma
- 3 yumurta
- 2 C. rendelenmiş peynir
- 1 yemek kaşığı kıyılmış soğan
- 1 C. spagetti sosu

Talimatlar

a) Herhangi bir şey yapmadan önce fırını 325 F'ye ısıtın.

b) Orta ateşte büyük bir tava koyun. İçinde dana eti 1 paket baharat ve soğan ile 10 dakika pişirin.

c) Sığır eti yağlanmış bir fırın tepsisine aktarın. Yumurtaları çırpın ve pişene kadar aynı tavada pişirin.

d) Sığır etinin üzerine 1/2 C. rendelenmiş peynir, ardından pişmiş yumurta ve 1/2 C. peynir ekleyin.

e) Ramen erişteleri paketin üzerindeki talimatlara göre pişirin. Süzün ve spagetti sosu ile atın.

f) Karışımı peynir tabakasının her yerine yayın. Kalan peynirle doldurun. 12 dakika fırında pişirin. lazanyanızı sıcak olarak servis edin. Zevk almak.

51. Sıcak Domuz Pirzola Ramen

Porsiyon: 4

İçindekiler

- 1 kiloluk Domuz pirzolası
- 4 yemek kaşığı Çin barbekü sosu
- 3 çay kaşığı fıstık yağı
- 2 bardak yeşil soğan, dilimlenmiş
- 2-3 diş sarımsak, doğranmış
- 1 çay kaşığı zencefil, kıyılmış
- 5 su bardağı tavuk suyu
- 3 yemek kaşığı soya sosu
- 3 yemek kaşığı balık sosu
- 2 paket ramen eriştesi, pişmiş
- 5 parça Çin lahanası, dörde bölünmüş
- 1 kırmızı Şili, dilimlenmiş
- 8 yumurta
- Yemeklik yağ

Talimatlar:

1. Domuz pirzolalarını Chines Barbekü sosuyla fırçalayın ve 15-20 dakika bekletin.
2. Bir tavada biraz fıstık yağını orta ateşte ısıtın ve soğanı, sarımsağı ve zencefili 2-3 dakika pişirin.
3. Et suyu, sarımsak, soya sosu, 2 su bardağı su, balık sosları, zencefil, kırmızı biber ekleyin. Kaynamaya bırakın ve Çin lahanasını ekleyin. 2-3 dakika pişirin.
4. Ateşten alın. Tarafı ayarlayın.
5. Izgaranızı yüksek ateşte önceden ısıtın.
6. Domuz pirzolalarına biraz yemeklik yağ püskürtün, sıcak ızgaraya koyun ve kızarana kadar pişirin.
7. 3-4 dakika bir taraftan diğer taraftan çevirin ve ardından bir tabağa aktarın.
8. Rameni 4 kaseye paylaştırın.
9. Çin lahanasını eriştelerin üzerine koyun ve biraz sıcak çorba gezdirin.
10. Domuz pirzolalarını yerleştirin ve rendelenmiş soğanla süsleyin.
11. Yumurta ve kişniş yaprakları ile doldurun.

52. Miso Domuz Eti ve Ramen

Porsiyon: 6

İçindekiler

- 1 inçlik yuvarlak şekillerde kesilmiş 2 kilo domuz paçası
- 2 pound tavuk, kemiksiz, şeritler halinde kesilmiş
- 2 yemek kaşığı yemeklik yağ
- 1 soğan, doğranmış
- 8-10 diş sarımsak, kıyılmış
- 1-inç zencefil dilimi, doğranmış
- 2 pırasa, doğranmış
- $\frac{1}{2}$ pound taze soğan, beyaz ve yeşil kısmı ayrılmış, doğranmış
- 1 su bardağı mantar, dilimlenmiş
- 2 pound domuz omzu, kıyılmış
- 1 su bardağı miso ezmesi
- $\frac{1}{4}$ fincan şoyu
- $\frac{1}{2}$ yemek kaşığı mirin
- Tuz, tatmak

Talimatlar:

1. Domuz eti ve tavuğu bir tencereye aktarın ve üzerini geçecek kadar bol su ekleyin. Yüksek ateşte bir brülöre koyun ve kaynatın. Bittiğinde ısıdan çıkarın.
2. Biraz yemeklik yağı bir dökme demirde yüksek ateşte ısıtın ve soğan, sarımsak ve zencefili yaklaşık 15 dakika veya kızarana kadar pişirin. Kenara koyun.
3. Pişmiş kemikleri sebze, domuz budu, pırasa, yeşil soğan beyazı ve mantarlı bir tencereye aktarın. Soğuk su ile doldurun. 20 dakika yüksek ateşte kaynamaya bırakın. Isıyı azaltın ve kaynatın ve 3 saat boyunca bir kapakla örtün.
4. Şimdi omuzu bir spatula ile çıkarın. Ve bir kaba koyun ve soğutun. Kapağı tekrar tencereye koyun ve tekrar 6 ila 8 saat pişirin.
5. Et suyunu süzün ve katıları çıkarın. Misoyu, 3 yemek kaşığı shoyuyu ve biraz tuzu çırpın.
6. Domuzu parçalayın ve shoyu ve mirin ile atın. Tuzlu sezon.
7. Erişte üzerine biraz et suyu koyun ve üzerine yanmış sarımsak-susam-acı biber ekleyin.
8. Domuz eti kaselere koyun.
9. Yumurta ve diğer istenen ürünle doldurun.

53. Fırında tavuk Katsu

Porsiyon Boyutu: 4

İçindekiler:

- Kemiksiz tavuk göğsü parçaları, bir pound
- Panko, bir fincan
- Çok amaçlı un, yarım su bardağı
- Su, bir yemek kaşığı
- Yumurta, bir
- Tatmak için biber ve tuz
- Tonkatsu sosu, gerektiği gibi

Talimatlar:

a) Panko ve yağı bir tavada birleştirin ve orta ateşte kızarana kadar kızartın. Pankoyu sığ bir tabağa aktarın ve soğumaya bırakın.

b) Tavuk göğsünü kelebekleyin ve ortadan ikiye kesin. Tavuğun her iki tarafına da tuz ve karabiber serpin.

c) Derin bir kapta unu ekleyin ve başka bir sığ kapta yumurta ve suyu çırpın.

d) Her tavuk parçasını una bulayın ve fazla unu silkeleyin. Yumurta karışımına daldırın ve ardından tavuğa yapışması için sıkıca bastırarak kızarmış panko ile kaplayın.

e) Tavuk parçalarını hazırlanan fırın tepsisine yaklaşık yirmi dakika yerleştirin. Hemen servis yapın veya bir tel rafa aktarın, böylece katsu'nun altı nemden ıslanmaz.

54. Hayashi Kıyma Köri

Porsiyon Boyutu: 2

İçindekiler:

- soğan, bir
- havuç, yarım su bardağı
- Kıyma, yarım kilo
- Kanola yağı, bir yemek kaşığı
- Ketçap, iki yemek kaşığı
- Tatmak için biber ve tuz
- Mısır nişastası, bir çay kaşığı
- Et suyu, bir su bardağı
- Sake, bir yemek kaşığı
- Haşlanmış yumurta, bir

Talimatlar:

a) Yumurtayı kaynatın ve küçük parçalar halinde kesin veya bir çatalla ezin. Tuz ve karabiberle iyice tatlandırın.

b) Yağı ısıtın ve soğan ve havuç ekleyin.

c) Kıymanın üzerine mısır nişastasını serpip sebzelere ekleyin. Çeyrek su bardağı et suyunu ekleyin ve karıştırırken kıymayı kırın.

d) Et suyu, ketçap, sake ve Worcestershire sosu ekleyin.

e) İyice karıştırın ve on dakika veya tüm sıvı buharlaşana kadar pişirin. Tuz ve karabiber serpin.

f) Ayrı bir tavada soğanları pembeleşinceye kadar kavurun.

55. tavuk Teriyaki

Porsiyon Boyutu: 2

İçindekiler:

- Susam yağı, bir çay kaşığı
- Servis için brokoli
- Bal, bir yemek kaşığı
- Ketçap, iki yemek kaşığı
- Tatmak için biber ve tuz
- Mısır nişastası, bir çay kaşığı
- Pişmiş beyaz pirinç, bir su bardağı
- Sarımsak ve zencefil, bir yemek kaşığı
- Haşlanmış yumurta, bir
- Soya sosu, bir yemek kaşığı

Talimatlar:

a) Orta boy bir kapta soya sosu, pirinç sirkesi, yağ, bal, sarımsak, zencefil ve mısır nişastasını birlikte çırpın.

b) Orta ateşte büyük bir tavada, yağı ısıtın. Tavaya tavuk ekleyin ve tuz ve karabiber ekleyin. Altın rengi olana ve neredeyse tamamen pişene kadar pişirin.

c) Tavuğu örtün ve sos hafifçe koyulaşana ve tavuk tamamen pişene kadar pişirin.

d) Susam tohumları ve yeşil soğan ile süsleyin.

e) Buğulanmış brokoli ile pirinç üzerinde servis yapın.

56. Japon Somon Kasesi

Porsiyon Boyutu: 4

İçindekiler:

- Biber sosu, bir çay kaşığı
- Soya sosu, bir çay kaşığı
- Pirinç, iki su bardağı
- Susam yağı, bir yemek kaşığı
- Zencefil, iki yemek kaşığı
- Tatmak için biber ve tuz
- Susam tohumları, bir çay kaşığı
- Sirke, bir çay kaşığı
- Parçalanmış nori, gerektiği gibi
- Somon, yarım kilo
- Kıyılmış lahana, bir su bardağı

Talimatlar:

a) Büyük bir tencereye pirinci, üç su bardağı suyu ve yarım çay kaşığı tuzu koyup kaynatın ve on beş dakika veya suyunu çekene kadar pişirin.

b) Sirke, soya sosu, acı sos, susam yağı, susam ve zencefili bir kaseye koyun ve iyice karıştırın.

c) Somonu ekleyin ve tamamen kaplanana kadar hafifçe karıştırın.

d) Kıyılmış lahana ve susam yağını bir kaseye koyun ve iyice birleşene kadar karıştırın.

e) Her kaseye büyük bir kaşık pirinç koyun, lahanayı ekleyin ve mayonezin üzerine sıkın.

57. Izgara Karides ve Sebzeler

Porsiyon Boyutu: 4

İçindekiler:

- Limon suyu, üç yemek kaşığı
- Karides, iki pound
- Tatmak için biber ve tuz
- Biber, bir yemek kaşığı
- Sebzeleri karıştırın, bir su bardağı
- Sashimi, yarım pound
- yumurta, üç
- Mirin, bir çay kaşığı
- İsteğe göre susam

Talimatlar:

a) Karidesleri baharatlar, limon suyu ve zeytinyağı ile marine edin.

b) Bu arada sebzeleri doğrayın ve dilimleyin.

c) Bir tavaya bir yemek kaşığı zeytinyağı ekleyin ve orta ateşte ısıtın.

d) Sebzeleri altın sarısı bir renk alana ve yumuşayana kadar soteleyin. Çıkarın ve bir kaseye koyun.

e) Aynı tavada karidesleri tamamen pişene kadar soteleyin. Sonra kurabiye sebzelerini tavaya geri koyun ve karideslerle iki dakika soteleyin.

f) Çıkarın ve servis yapın.

58. Tencerede Tavuk/Mizutaki

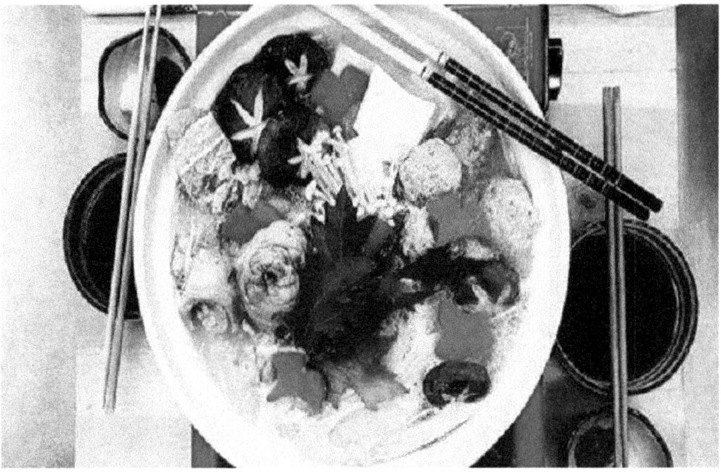

Porsiyon Boyutu: 4

İçindekiler:

- Negi, bir
- Mizuna, dört
- Napa lahana, sekiz
- havuç, yarım su bardağı
- Tavuk budu, bir pound
- Kombu, yarım pound
- Sake, bir çay kaşığı
- Zencefil, bir çay kaşığı
- İsteğe göre susam

Talimatlar:

a) Bütün malzemeleri karıştır.
b) Büyük bir kapta, soğuk demleme kombu dashi yapmak için beş bardak su ve kombu ekleyin. Tavuğu hazırlarken bir kenara koyun.
c) Orta boy bir tencereyi suyla doldurun ve kemikli, derili tavuk uyluk parçalarını ekleyin. Orta-düşük ısıyı açın.
d) Soğuk demleme kombu dashi'de az önce duruladığınız tavuk but parçalarını ekleyin.
e) Ayrıca tavuk parçalarının sake ve zencefili ekleyin.
f) Orta ateşte kaynatın.
g) Isıyı orta-düşük seviyeye düşürün ve üstü kapalı otuz dakika pişirin. Bu süre zarfında, diğer Malzemeleri hazırlamaya başlayın. Otuz dakika sonra zencefil dilimlerini çıkarın ve atın.

59. Japon zencefilli levrek

İçindekiler

- 2 çay kaşığı miso beyaz macun
- 6 oz. levrek parçası
- 1 $\frac{1}{4}$ çay kaşığı mirin
- 1 çay kaşığı taze zencefil suyu
- 1 çay kaşığı şeker
- 3 çay kaşığı sake

Talimatlar

a) Orta boy temiz bir kapta, sake hariç tüm Malzemeleri birleştirin. İyice karıştırın ve kenara koyun.

b) Balık parçasını karışık içeriğe koyun, sake ekleyin ve iyice kaplanana kadar fırlatın.

c) 4 saat buzlukta bekletin

d) Izgarayı önceden ısıtın ve balığı ızgaraya koyun

e) Izgara yapın, tamamen kahverengi olana ve pişene kadar bir yandan diğer yana atın.

f) Balığı bir tabağa aktarın ve servis yapın

60. Japon süslü teriyaki

İçindekiler

- 2 lb somon
- 3 yemek kaşığı doğranmış yeşil soğan
- 2 yemek kaşığı siyah ve beyaz susam
- $\frac{1}{2}$ su bardağı sızma zeytinyağı
- Teriyaki sosu
- 4 yemek kaşığı soya sosu
- 1 su bardağı mirin
- 2 $\frac{1}{2}$ fincan. Şeker

Talimatlar

a) Teriyaki sosu, başlığı altındaki tüm Malzemeler tencereye alınarak kısık ateşte koyulaşıncaya kadar pişirilir. Ateşten alın ve soğumaya ayarlayın

b) Yapışmaz bir tavaya biraz yağ dökün ve somonu oraya koyun. tavayı kapatın ve somonu orta ateşte eşit şekilde kahverengi olana kadar pişirin.

c) Tepsiye dizip üzerine teriyaki sosu gezdirin.

d) Beyaz susam ve doğranmış yeşil soğan ile süsleyin.

ÇORBALAR VE SALATALAR

61. Ramen Erişte Salatası

Porsiyon: 1

İçindekiler:

- Lahana ve soğan, bir su bardağı
- Susam tohumları, bir yemek kaşığı
- Soya sosu, bir yemek kaşığı
- Şeker, bir yemek kaşığı
- Sirke, bir yemek kaşığı
- Tereyağı, gerektiği kadar
- Ramen erişte, bir paket
- Arzuya göre badem

Talimatlar:

a) Yağ, sirke, şeker ve soya sosunu bir kavanozda birleştirin ve şeker eriyene kadar çalkalayın.

b) Orta ateşte büyük bir tavada tereyağını eritin. Tereyağı erirken, ramen eriştelerini paketin içindeyken ezin.

c) Baharat paketini çıkarın ve atın.

d) Erişte, badem ve susamı tavada eritilmiş tereyağına ekleyin.

e) Erişte karışımı altın kahverengi olana kadar sık sık karıştırarak soteleyin.

f) Lahanayı parçalayın ve lahana ve soğanları büyük bir karıştırma kabında birleştirin. Erişte karışımını ekleyin.

g) Sosu salatanın üzerine dökün ve birleştirmek için iyice atın.

h) Hemen servis yapın.

62. Bebek ramen çorbası

Porsiyon: 4

İçindekiler

- 2 (14 1/2 oz.) kutu tavuk suyu
- 1/2 lb. Çin lahanası, uzunlamasına ikiye bölünmüş
- 2 inç uzunluğunda kesilmiş 2 yeşil soğan
- taze zencefil, kıyılmış
- 1 diş sarımsak, kıyılmış
- 1 1/2 çay kaşığı soya sosu
- 1 (3 1/2 oz.) paket ramen eriştesi
- 1/4 lb dilimlenmiş jambon
- 4 haşlanmış yumurta, soyulmuş ve dörde bölünmüş
- 1 çay kaşığı susam yağı

Talimatlar

a) Orta ateşte bir tencere yerleştirin. Et suyu, Çin lahanası, yeşil soğan, zencefil, sarımsak ve soya sosu karıştırın.

b) 12 dakika pişirin. Erişteleri tencereye ekleyin. Çorbayı 4 dakika daha pişirin.

c) Çorbanızı en sevdiğiniz soslarla sıcak olarak servis edin. Zevk almak.

63. Nori erişte çorbası

Porsiyon: 4

İçindekiler

- 1 (8 ons) paket kurutulmuş soba eriştesi
- 1 C. hazırlanmış dashi stoğu
- 1/4 C. soya sosu
- 2 yemek kaşığı mirin
- 1/4 çay kaşığı beyaz şeker
- 2 yemek kaşığı susam
- 1/2 C. doğranmış yeşil soğan
- 1 yaprak nori (kurutulmuş deniz yosunu), ince şeritler halinde kesilmiş (isteğe bağlı)

Talimatlar

a) Erişteleri paketin üzerindeki talimatlara göre pişirin. Süzün ve biraz su ile soğutun.

b) Orta ateşte küçük bir tencere yerleştirin. Dashi, soya sosu, mirin ve beyaz şekeri karıştırın. Kaynamaya başlayana kadar pişirin.

c) Isıyı kapatın ve karışımın 27 dakika ısı kaybetmesine izin verin. Susamlı erişteleri servis kaselerine paylaştırın ve üzerine çorbayı dökün.

d) Çorba kaselerinizi nori ve yeşil soğanlarla süsleyin.

e) Zevk almak.

64. elmalı ramen salatası

Porsiyon: 10

İçindekiler

- 12 ons Brokoli çiçekleri
- 1 (12 oz.) poşet brokoli lahana salatası karışımı
- 1/4 C. ayçekirdeği
- 2 (3 oz.) paket ramen eriştesi
- 3 yemek kaşığı tereyağı
- 2 yemek kaşığı zeytinyağı
- 1/4 C. dilimlenmiş badem
- 3/4 C. bitkisel yağ
- 1/4 C esmer şeker
- 1/4 C. elma sirkesi
- 1/4 C. doğranmış yeşil soğan

Talimatlar

a) Orta ateşte büyük bir tava koyun. İçindeki yağı ısıtın.

b) Ezmek için rameninizi ellerinizle bastırın. Tavada bademlerle karıştırın.

c) Onları 6 dakika pişirin, ardından tavayı bir kenara koyun.

d) Büyük bir karıştırma kabı alın: İçine brokoli, brokoli salatası ve ayçiçeklerini atın. Erişte karışımını ekleyin ve tekrar atın.

e) Küçük bir karıştırma kabı alın: Vinaigrette yapmak için bitkisel yağ, esmer şeker, elma sirkesi ve Ramen şehriye çeşni paketini karıştırın.

f) Salatayı salatanın her yerine gezdirin ve kaplamak için karıştırın. Salatanızı üzerine yeşil soğan koyarak servis edin. Zevk almak.

65. Ramen susam çorbası

Porsiyon: 4

İçindekiler

- 1 lb üst yuvarlak biftek, jülyen
- 1 yemek kaşığı fıstık yağı
- 1/2 yemek kaşığı susam yağı
- 1-inç taze zencefil, ince rendelenmiş
- 2 diş sarımsak, kıyılmış
- 1/4-1/2 çay kaşığı ezilmiş pul biber
- 3 C. sığır eti suyu
- 2 demet taze soğan, doğranmış
- 2 yemek kaşığı pirinç şarabı sirkesi
- 2 (3 oz.) paket ramen eriştesi, paketi çıkarılmış 1/2 C. bebek havuç, rendelenmiş

Talimatlar

a) Orta ateşte büyük bir tava koyun. İçinde yağların her birinin 1 / 3'ünü ısıtın.

b) İçinde zencefil, sarımsak ve kırmızı biberleri soteleyin. 1 dakika pişirin. Sığır eti dilimlerinin 1/3'ünü karıştırın. Onları 4 dakika pişirin. Karışımı bir kenara koyun.

c) Bitene kadar kalan sığır eti ve yağ ile işlemi tekrarlayın. Orta ateşte büyük bir tencere yerleştirin. Stok, Sirke ve Yeşil Soğanları karıştırın. Kaynamaya başlayana kadar pişirin.

d) Ateşi kısın ve kaynamaya başlayana kadar pişirin. Rameni karıştırın ve 4 ila 4 dakika veya bitene kadar pişirin.

e) Erişteleri servis kasesine alın ve üzerine sotelenmiş dana etini ekleyin. Sıcak servis yapın.

66. Sambal ramen salatası

Porsiyon: 2

İçindekiler

- 1 (3 oz.) paket ramen eriştesi
- 1 C. lahana, kıyılmış
- 4 yeşil soğan, 1 inçlik parçalar halinde kesilmiş
- 2-3 havuç
- julienned kar bezelye
- 3 yemek kaşığı mayonez
- 1/2 çay kaşığı sambal oelek veya sriracha
- 1-2 çay kaşığı limon suyu
- 1/4 C. yer fıstığı, kıyılmış
- kişniş, kıyılmış

Talimatlar

a) Erişteleri paketin üzerindeki talimatlara göre hazırlayın ve 2 dakika pişirin. Sudan çıkarın ve süzmek için bir kenara koyun.

b) Küçük bir karıştırma kabı alın: Sosu yapmak için mayonez, sambal olek ve limon suyunu çırpın.

c) Büyük bir karıştırma kabı alın: Lahana, havuç, yeşil soğan, bezelye, pişmiş erişte, mayonez sosu, bir tutam tuz ve karabiberi karıştırın. İyice karıştırın.

d) Salatanızı servis edin ve afiyetle yiyin.

67. Kremalı ramen ve mantar

Porsiyon: 4

İçindekiler

- 1 (3 oz.) paket tavuk aromalı ramen eriştesi
- 1 (10 3/4 oz.) kutu kremalı mantar çorbası
- 1 (3 oz.) kutu tavuk

Talimatlar

a) Rameni paketin üzerindeki talimatlara göre hazırlayın.

b) Orta ateşte büyük bir tencere yerleştirin. Çorba, tavuk ve baharatları karıştırın. Onları 6 dakika pişirin.

c) Erişteleri süzün ve servis kaselerine paylaştırın. Üzerine hazırladığınız çorba karışımını gezdirip sıcak olarak servis yapın. Zevk almak.

68. Soslu serrano ramen salatası

Porsiyon: 2

İçindekiler

- 1 sarı soğan, doğranmış
- 2 roma domates, doğranmış
- 1 serrano biber, doğranmış
- 1 kırmızı biber, kavrulmuş ve soyulmuş, orta doğranmış
- 1 C. doğranmış karışık sebzeler
- 2 (3 oz.) paket oryantal aromalı hazır ramen eriştesi
- 1 sebze bulyon küpü
- 1 çay kaşığı kimyon tozu
- 1 çay kaşığı toz kırmızı biber
- 4 yemek kaşığı spagetti sosu
- 2 çay kaşığı kanola yağı veya 2 çay kaşığı başka bir bitkisel yağ

Talimatlar

a) Orta ateşte büyük bir tava yerleştirin. İçindeki yağı ısıtın. İçinde soğanı domates ve serrano biber ile 3 dakika soteleyin.

b) Bir baharat paketini ve Maggi bulyon küpünü karıştırın. Sebzeleri, kimyonu ve 1/2 a C suyu karıştırın. Onları 6 dakika pişirin. Spagetti sosunu ilave edin ve 6 dakika daha pişirin.

c) Makarnaları paketin üzerindeki tarife göre hazırlayın. Erişteleri sebze karışımıyla atın. Sıcak servis yapın. Zevk almak.

69. mandalinalı ramen salatası

Porsiyon: 6

İçindekiler

- 1 (16 oz.) paket lahana salatası karışımı
- 2 (3 oz.) paket ramen eriştesi, ufalanmış
- 1 C. dilimlenmiş badem
- 1 (11 oz.) konserve mandalina portakalı, süzülmüş
- 1 C. kavrulmuş ayçekirdeği, kabuklu
- 1 demet yeşil soğan, doğranmış
- 1/2 C şeker
- 3/4 C. bitkisel yağ
- 1/3 C. beyaz sirke
- 2 paket paket ramen baharatı

Talimatlar

a) Küçük bir karıştırma kabı alın: Sosu yapmak için sirkeyi, ramen çeşnisini, yağı ve şekeri çırpın.

b) Büyük bir karıştırma kabı alın: Lahana salatası karışımını erişte, badem, mandalina, ayçekirdeği ve soğanla birlikte atın.

c) Sargıyı üzerlerine gezdirin ve kaplamak için fırlatın. Salatayı 60 dakika buzdolabına koyun ve servis yapın. Zevk almak.

70. Erişte köri çorbası

Porsiyon: 4

İçindekiler

- 3 havuç, ısırık büyüklüğünde parçalar halinde kesilmiş
- 1 küçük soğan, lokma büyüklüğünde parçalar halinde kesilmiş
- 3 yemek kaşığı su
- 1/4 C. bitkisel yağ
- 1/2 C. çok amaçlı un
- 2 yemek kaşığı çok amaçlı un
- 2 yemek kaşığı toz kırmızı köri
- 5 C. sıcak sebze suyu
- 1/4 C. soya sosu
- 2 çay kaşığı akçaağaç şurubu
- 8 oz. udon eriştesi veya tatmak için daha fazlası

Talimatlar

a) Mikrodalgaya dayanıklı bir kap alın: Suyu havuç ve soğanla karıştırın. kapağını kapatıp 4 dakika 30 saniye yüksekte pişirin.

b) Orta ateşte bir çorba tenceresi yerleştirin. İçindeki yağı ısıtın. Buna 1/2 C. artı 2 yemek kaşığı un ekleyin ve bir macun yapmak için karıştırın.

c) Köriyi sıcak et suyuyla ekleyin ve sürekli karıştırarak 4 dakika pişirin. Pişmiş soğanı ve soya soslu havucu ve akçaağaç şurubunu ekleyin.

d) Erişteleri paketin üzerindeki tarife göre yumuşayana kadar pişirin.

e) Çorbayı kaynamaya başlayana kadar pişirin. Erişteleri karıştırın ve çorbanızı sıcak olarak servis edin.

71. Kremalı fındık ve erişte salatası

Porsiyon: 4

İçindekiler

- 1 paket tavuk aromalı ramen noodle
- 1 C. doğranmış kereviz
- 1 kutu dilimlenmiş su kestanesi, süzülmüş
- 1 C. doğranmış kırmızı soğan
- 1 C. doğranmış yeşil biber
- 1 S. bezelye
- 1 C. mayonez

Talimatlar

a) Erişteleri 4 parçaya ayırın. Onları paketin üzerindeki talimatlara göre hazırlayın.

b) Büyük bir karıştırma kabı alın: Erişteleri süzün ve içine kereviz, su kestanesi, soğan, biber ve bezelye atın.

c) Küçük bir karıştırma kabı alın: İçinde mayonezi 3 paket çeşni ile çırpın. Onları salataya ekleyin ve kaplamak için fırlatın. Salatayı buzdolabında 1-2 saat bekletin ve servis yapın.

72. Japon mantar şehriye çorbası

İçindekiler

- 2 ons Buna shimeji mantarı
- 1 paket. Soba erişte̜si veya tercih ettiğiniz erişte. Talimatlara göre kaynatılır ve süzülür
- 3 yemek kaşığı mizkan çorbası tabanı
- 2 haşlanmış yumurta, kırılmış ve ikiye bölünmüş
- 1 demet baby bok choy veya marul
- 2 bardak. su
- 2 çay kaşığı beyaz susam
- taze soğan, doğranmış

Talimatlar

a) Orta boy bir tencerede suyu kaynatın ve çorba tabanı ile baby bok choy ve mantarı ekleyin. 2 dakika pişirin.
b) Pişmiş erişteyi tabaklara/kaselere koyun. Yumurta yarımlarını yerleştirin ve üzerine çorbayı gezdirin.
c) Üzerini dereotu ve susamla süsleyin
d) Yemek çubukları ile servis yapın

73. Şehriyeli tavuk çorbası

Porsiyon: 4

İçindekiler

- 2 yemek kaşığı zeytinyağı
- 1 $\frac{1}{2}$ su bardağı pırasa, son olarak doğranmış
- 3 diş sarımsak, kıyılmış
- 1 $\frac{1}{2}$ pound tavuk göğsü, kemiksiz, küçük şeritler halinde kesilmiş
- 6-7 su bardağı tavuk suyu
- Tatmak için biber ve tuz
- 1-2 paket ramen noodle
- 1 orta boy limon, dörde bölünmüş
- Arzuya göre 1 adet haşlanmış yumurta
- 1 taze soğan, doğranmış, süslemek için

Talimatlar:

1. Orta ateşte bir tencerede biraz yağ ısıtın.
2. Pırasa ve sarımsağı ekleyin, Malzemeler pişene ve yumuşayana kadar karıştırarak kızartın.
3. Tavuk şeritlerini ekleyin ve yaklaşık 4-5 dakika pişirin.
4. Biraz tavuk suyu, tuz ve karabiber ekleyin ve kaynatın. Isıyı azaltın ve çorbayı 10-12 dakika pişirin.
5. Şimdi erişteleri ekleyin ve sertleşene kadar pişirin.
6. Ateşten alın ve biraz limon suyu ekleyin.
7. Çorbayı 3-4 kaseye paylaştırın.
8. Biraz yeşil soğan ve yumurta ile doldurun.
9. Servis yapın ve tadını çıkarın.

74. Ramen Tavuk Şehriye Salatası

Porsiyon: 4

İçindekiler

- ½ pound tavuk, pişmiş ve doğranmış
- 4-5 su bardağı kıyılmış lahana
- 3-4 havuç, soyulmuş, rendelenmiş
- 2 paket tavuk aromalı ramen noodle
- 1 bardak yeşil soğan, doğranmış
- ¼ bardak badem, kavrulmuş, dilimlenmiş
- ¼ su bardağı susam
- ¼ su bardağı zeytinyağı
- ¼ fincan pirinç sirkesi
- 5 yemek kaşığı şeker
- 3 yemek kaşığı soya sosu
- Tatmak için biber ve tuz

Talimatlar:

1. Büyük bir kapta lahana, soğan, badem, susam ve ramen eriştelerini ekleyin.
2. Bir karıştırma kabında biraz tuz, karabiber, yağ, sirke ve şekeri birleştirin, iyice karıştırın.
3. Salatanın üzerine biraz sos gezdirin ve birleştirmek için fırlatın.
4. Soğuyana kadar buzdolabınıza koyun.
5. Servis yapın ve tadını çıkarın.

75. Domuz Ramen Çorbası

Porsiyon: 4

İçindekiler

- 3 yemek kaşığı kanola yağı
- 2-3 domuz pirzolası, kemiksiz
- tuz ve karabiber, tatmak
- 8-10 yeşil soğan, dilimlenmiş, yeşil ve beyaz kısımlar ayrılmış
- 1 2-inç zencefil, dilimlenmiş
- 8 su bardağı tavuk suyu
- 3 yemek kaşığı sirke
- 2-3 paket ramen noodle
- 2 yemek kaşığı soya sosu
- 2 havuç, soyulmuş, rendelenmiş
- 2-3 turp, ince dilimlenmiş
- $\frac{1}{4}$ bardak kişniş yaprağı, doğranmış

Talimatlar:

1. Bir tencereyi orta ateşte 5 dakika ısıtın. Biraz yağ ekleyin ve domuz etini iyice pişene kadar her bir tarafta 5-6 dakika pişirin.
2. Tuz ve karabiberle tatlandırın.
3. Bir tabağa aktarın ve folyo ile kaplayın. 5 dakika kenara koyun.
4. Aynı tencerede yeşil soğanı zencefil ile kızartın ve 30-50 saniye pişirin.
5. Biraz et suyu ekleyin ve kaynatın.
6. Erişteleri ekleyin ve 2-3 dakika pişirin.
7. Biraz soya sosu ve sirkeyi karıştırın.
8. Çorbayı kaselere aktarın ve üzerine domuz eti, yeşil soğan, doğranmış havuç, dilimlenmiş turp ve kişniş ekleyin.

76. Kolay Dana Ramen Çorbası

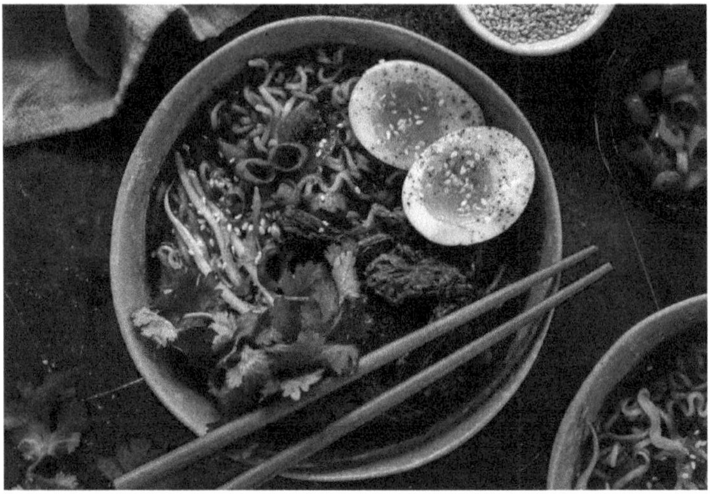

Porsiyon: 2

İçindekiler

- 1 kiloluk yan biftek
- 1 kiloluk Choy Sum, doğranmış
- 4-5 diş sarımsak, kıyılmış
- 3-4 yeşil soğan, beyazı ve yeşili ayrılmış, doğranmış
- 2 bardak Enoki Mantarı, dilimlenmiş
- 1 1-inç Adet Zencefil
- 4 yemek kaşığı Demi Glace
- 4 yemek kaşığı Miso Yapıştır
- 3 yemek kaşığı soya sosu
- 2 yemek kaşığı Hoisin Sos
- 2 paket Ramen Noodles, pişmiş
- 3 yemek kaşığı yemeklik yağ

Talimatlar:

1. Wok tavasına biraz yemeklik yağ ekleyin ve domuz etini her iki taraftan güzelce kızarana kadar kızartın. Wok'tan çıkarın ve bir kenara koyun.
2. Geniş bir tencereye 5-6 su bardağı su, sarımsak, soya sosu, Demi-glace, zencefil, mantar, hoisin sosu, choy chum ve yeşil soğan beyazını ekleyin, yumuşayana kadar pişirin.
3. Şimdi kızarmış domuz etini ekleyin ve bir kapakla örtün, tekrar 10-12 dakika pişirin.
4. Şimdi misoyu ve erişteleri ekleyin, tekrar kaynatın.
5. Kaselere koyun ve taze soğan yeşillikleri ile doldurun.

•

77. balık çorbası ramen

Porsiyon: 2

İçindekiler

- 2 inçlik dilimler halinde kesilmiş 2 orta boy balık filetosu
- $\frac{1}{4}$ fincan taze soğan, doğranmış
- 3 havuç, soyulmuş, dilimlenmiş
- 2 paket ramen noodle
- 1 çay kaşığı tuz
- 4-5 diş sarımsak, kıyılmış
- 2 yemek kaşığı yemeklik yağ
- $\frac{1}{4}$ çay kaşığı karabiber
- 4 su bardağı tavuk suyu
- 2 yemek kaşığı soya sosu
- 2 yemek kaşığı balık sosu

Talimatlar:

1. Bir tencereye tavuk suyu, sarımsak, sıvı yağ, tuz ve karabiberi ekleyip kaynamaya bırakın.
2. Havuçları ekleyin, orta ateşte 5-8 dakika kapağın altında pişirin.
3. Balık, soğan ve erişte ekleyin, 3-4 dakika veya bitene kadar pişirin.
4. Biraz balık sosu ve soya sosu ekleyin, birleştirmek için karıştırın.
5. Sıcak servis yapın.

78. Karides Şehriye Çorbası

Porsiyon: 1

İçindekiler

- 5-6 karides
- 1 paket erişte, baharatlarla
- $\frac{1}{4}$ çay kaşığı tuz
- 1 yemek kaşığı bitkisel yağ
- 2-3 diş sarımsak, kıyılmış
- 2 su bardağı tavuk suyu

Talimatlar:

1. Bir tencerede biraz yağı ısıtın ve kıyılmış sarımsakları 30 saniye kızartın.
2. Karidesleri ekleyin ve 4 dakika karıştırarak kızartın.
3. Tüm baharatları, erişteleri ve suyu ekleyin, 3-4 dakika kaynatın.
4. Servis kasesine alın.

79. Mantarlı Ramen Çorbası

Porsiyon: 2

İçindekiler

- 2 su bardağı ıspanak yaprağı
- 2 paket ramen noodle
- 3 su bardağı sebze suyu
- 3-4 diş sarımsak, kıyılmış
- $\frac{1}{4}$ çay kaşığı soğan tozu
- Tatmak için biber ve tuz
- 1 yemek kaşığı bitkisel yağ
- $\frac{1}{4}$ fincan taze soğan, doğranmış
- 3-4 mantar, doğranmış

Talimatlar:

1. Bir tencereye sebze suyu, tuz, sıvı yağ ve sarımsağı ekleyip 1-2 dakika kaynatın.
2. Şimdi erişte, mantar, taze soğan, ıspanak ve karabiberi ekleyin, 2-3 dakika pişirin.
3. Sıcak tadını çıkarın.

80. Mantarlı Ramen Çorbası

Porsiyon: 2

İçindekiler

- 2 su bardağı mantar, dilimlenmiş
- 2 paket ramen noodle
- 1 çay kaşığı karabiber
- 2 yemek kaşığı acı sos
- 2 yemek kaşığı soya sosu
- 1 yemek kaşığı Worcestershire sosu
- $\frac{1}{4}$ çay kaşığı tuz
- 3 su bardağı sebze suyu
- 1 soğan, doğranmış
- 2 yemek kaşığı biber sosu
- 2 yemek kaşığı fıstık yağı

Talimatlar:

1. Yağı bir tavada ısıtın ve mantarları orta ateşte 5-6 dakika karıştırarak kızartın.
2. Et suyu, tuz, karabiber, acı sos, Worcestershire sosu, soğan ve soya sosu ekleyin, iyice karıştırın. Birkaç dakika kaynatın.
3. Erişteleri ekleyin ve 3 dakika pişirin.
4. Bittiğinde bir servis kasesine aktarın ve üzerine acı sos ekleyin.
5. Zevk almak.

TATLILAR

81. Japon limonlu shochu

İçindekiler

- 20ml taze limon suyu
- 20ml şoku
- 40ml maden suyu
- Süslemek için misket limonu ve limon dilimleri

Talimatlar

a) Temiz bir kokteyl çalkalayıcıya tüm içeriği dökün ve karışması için iyice çalkalayın.
b) Hazır bardaklara biraz buz küpleri ekleyin ve içeceği her birine dökün.
c) Limon ve limon dilimleri ile servis yapın

82. Mochi tatlıları

İçindekiler

- $1\frac{1}{2}$ fincan. Hazır Anko
- 11/2 su bardağı. su
- 1 fincan. Katakuriko (mısır nişastası)
- $\frac{1}{2}$ fincan. Şeker
- $1\frac{1}{4}$ fincan. shiratama-ko (pirinç unu)

Talimatlar

a) $\frac{1}{2}$ su bardağı ısıtın. Su. $\frac{1}{2}$ bardak ekleyin. Şeker, kaynatın
b) Anko tozunun $\frac{1}{2}$'sini ekleyin. Karıştırmak için iyice karıştırın
c) Kuru hissediyorsa, katılaşana kadar karıştırarak daha fazla su ekleyin. soğuması için bir kenara bırakın
d) Soğuduğunda, içeriği toplayın ve 10 veya daha fazla küçük top haline getirin
e) Kalan şeker ve suyu küçük bir kapta karıştırın, kenara koyun.
f) Pirinç ununu bir kaseye dökün. Şeker karışımını dikkatli bir şekilde unun içine dökün, karıştırarak bir hamur oluşturun
g) Mikrodalgaya koyun ve 3 dakika ısıtın.
h) Yüzeye biraz katakuriko püskürtün, hamuru çıkarın ve unlanmış platform üzerine yerleştirin.
i) Yavaşça yoğurun, toplar halinde kesin ve her topu düzleştirin.
j) Her bir yassı hamura bir Anko topu yerleştirin, bir top oluşturmak için yuvarlayın

83. Japon meyve şişleri

İçindekiler

- 2 bardak. Çilek. DE gövdeli ve ipuçları kaldırıldı
- 12 adet yeşil zeytin
- 2 bardak. Ananas küpleri veya 1 kutu ananas
- 2 bardak. dilimlenmiş kivi
- 2 bardak. Böğürtlenler
- 2 bardak. Yaban mersini
- 9 şiş veya kürdan

Talimatlar

a) Meyvelerdeki fazla sıvıyı boşaltın ve dönüşümlü olarak şişlere sabitleyin

b) Doldurduğunuz şişleri bir tepsiye dizin ve buzdolabında 1 saat bekletin.

c) Çıkarın ve hazır olduğunuzda servis yapın

84. Agar meyveli salsa

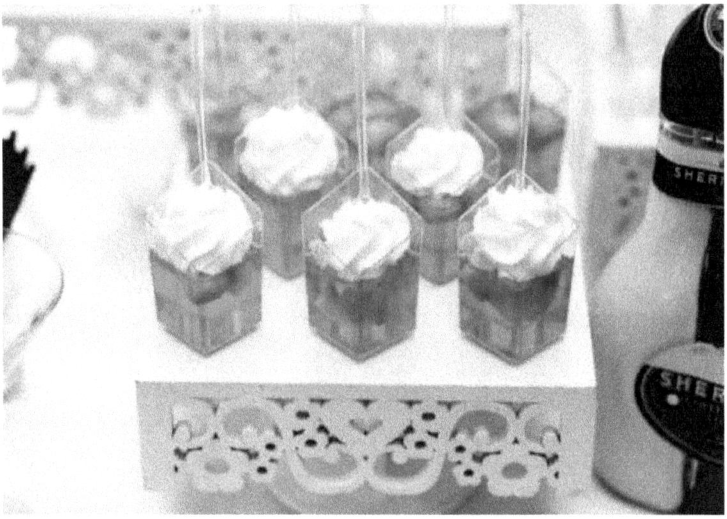

İçindekiler

- 1 çubuk Kanten agar (meyve jölesi)
- 1 küçük kutu. mandalina dilimleri
- 40 gr shiratama-ko (pirinç unu)
- 3 yemek kaşığı hazır kuru fasulye
- 10kg. Şeker
- 1 fincan. Karışık meyveler kivi, çilek vb.

Talimatlar

a) Kanten agarı soğuk suya koyun, yumuşayana kadar bekletin.

b) 250 ml suyu kaynatın, yumuşayan Kanten'i sudan boşaltın ve kaynayan suya ekleyin. Üzerine şekeri ekleyin ve Kanten iyice eriyene kadar kaynatın. Bir kaseye dökün, soğumaya bırakın ve donması için dondurucuda dondurun

c) Shiratama-ko'yu bir kaseye dökün, biraz su ekleyin ve bir hamur oluşturmak için karıştırın. Yuvarlayın ve toplar halinde kesin

d) Başka bir büyük tencerede suyu kaynatın, su kaynayınca shiratama-ko toplarını ekleyin ve toplar kaynayan suyun üzerine çıkana kadar pişirin.

e) Kesilen meyveleri bir kaseye koyun, hazır shiratama-ko toplarını ekleyin, kırmızı fasulye, mandalinadan bir parça alın, set Kanten'i küpler halinde kesin ve kaseye ekleyin.

f) Varsa üzerine mandalina şurubu veya soya sosu gezdirip servis yapın.

85. Meyveli Japon Kupası

İçindekiler

- 1 can. yoğunlaştırılmış sütü tatlandırmak
- 1 can. Meyve (800g) kokteyli. süzülmüş
- 1 şişe (12 oz) kaong. Mükemmel şekilde süzülür ve durulanır
- 1 fincan. Hindistan cevizi eti. İnce şeritler halinde kesin
- 1 şişe (10 oz) hindistan cevizi jeli
- 1 (220ml) paket çok amaçlı krem
- 1 fincan. Peynir. küpler halinde kesmek

Talimatlar

a) Küçük bir kapta, yoğunlaştırılmış sütü krema ile karıştırın.
b) Diğer malzemeleri hazır süt karışımına dökün. Karıştırmak için iyice atın
c) Kaseyi örtün ve 3 saat soğutun
d) Dondurucudan çıkarın ve servis yapın!

86. Japon sallanan pirinç topları

İçindekiler

- 70g Japon pirinci. ihale için pişmiş
- 6 yemek kaşığı soya sosu
- 1 kilo pişmiş ton balığı

Talimatlar

a) Ön ısıtma ızgarası

b) Pişirilmiş ve soğutulmuş pirinci avucunuza alın veya bir pirinç topu oluşturmak için bir onigiri kalıbı kullanın.

c) Topun içinde bir delik açın ve dolguyu, ton balığını ekleyin ve tekrar kapatın. (olabildiğince çok top sarın)

d) Fırın tepsisini pişirme spreyi ile yağlayın ve topları içine yerleştirin.

e) Önceden ısıtılmış fırında 12 dakika, ara sıra çevirerek iyice kızarana kadar pişirin.

f) Ateşten alın ve soya sosuyla boyayın

g) Isıya dönün ve servis yapın!

87. Kinako Dango

Porsiyon: 4

İçindekiler:

- Kinako, yarım su bardağı
- Toz şeker, iki yemek kaşığı
- Soğuk su, yarım su bardağı
- Dango tozu, bir su bardağı
- Kosher tuzu, yarım çay kaşığı

Talimatlar:

a) Bir karıştırma kabına Dango tozu ve suyu ekleyin. İyice birleştirilene kadar iyice karıştırın.

b) Küçük bir hamur alın ve bir top haline getirin.

c) Bir tabağa koyun ve tüm hamur bitene kadar tekrarlayın.

d) Kenara bir kase soğuk su koyun.

e) Kaynayan suya dango toplarını ekleyin ve üzeri çıkana kadar kaynatın.

f) Süzün ve soğuk suya ekleyin. Soğuyana ve süzülene kadar birkaç dakika bekletin.

g) Başka bir karıştırma kabına kinako, şeker ve tuzu ekleyip iyice karıştırın.

h) Kinako karışımının yarısını bir servis kasesine koyun, dango topları ekleyin ve kalan kinakoyu üzerine ekleyin.

i) Yemeğiniz servise hazır.

88. Japon Usulü Kabak Pudingi

Porsiyon: 2

İçindekiler:

- Kabak püresi, bir su bardağı
- şeker, üç yemek kaşığı
- Vanilya özü, bir çay kaşığı
- yumurta, iki
- Jelatin tozu, iki yemek kaşığı
- Akçaağaç şurubu, gerektiği gibi

Talimatlar:

a) Jelatin tozunu sütle birlikte eritin.

b) Bu sırada kabak püresini ve şekeri bir kaseye koyun, karıştırın ve mikrodalgada otuz saniye yüksekte pişirin.

c) Süt ve jelatin karışımını karıştırın ve kabak ve şekere ekleyin. Yumurtaları ve vanilya özünü karıştırın ve iyice birleştirin.

d) Süzgeçte kalan karıştırılmamış bitlerden kurtulun.

e) Ocak üzerine derin bir tava veya tencere koyun ve ramekinleri içine koyun.

f) Isıyı açın ve suyu kaynatın.

g) Ocağı kapatın ve pudinglerin sertliğini kontrol edin. Doku biraz sert olmalı ama yine de puding gibi kremsi olmalıdır.

h) Pudingleri tamamen soğuyuncaya kadar buzdolabında soğutun.

89. dorayaki

Porsiyon: 6

İçindekiler:

- Bal, iki yemek kaşığı
- yumurta, iki
- Şeker, bir su bardağı
- Un, bir su bardağı
- Kabartma tozu, bir çay kaşığı
- Kırmızı fasulye ezmesi, yarım su bardağı

Talimatlar:

a) Tüm Malzemeleri toplayın.

b) Büyük bir kapta yumurta, şeker ve balı birleştirin ve karışım kabarık hale gelene kadar iyice çırpın.

c) Un ve kabartma tozunu kaseye eleyin ve hepsini birlikte karıştırın.

d) Hamur şimdi biraz daha pürüzsüz olmalıdır.

e) Büyük bir yapışmaz kızartma tavasını orta-düşük ateşte ısıtın. Acele etmemek ve yavaşça ısıtmak en iyisidir.

f) Hamurun yüzeyinin kabarmaya başladığını gördüğünüzde ters çevirin ve diğer tarafını da pişirin.

g) Ortasına kırmızı fasulye ezmesini koyun.

h) Servise hazır olana kadar dorayaki'yi streç filmle sarın.

90. Kabarık Japon Cheesecake

İçindekiler:

- Vanilyalı dondurma
- Brownie karışımı, bir kutu
- Sıcak çikolata sosu

Talimatlar:

a) Fırını 350 dereceye kadar önceden ısıtın.

b) Jumbo muffin teneke kapları hizalamak için folyo şeritleri kesin.

c) Kek yapıldığında kaldırma kolları olarak kullanmak için şeritleri çapraz şekilde katmanlayın.

d) Pişirme spreyi ile bir tavada folyo püskürtün.

e) Brownie hamurunu paketin üzerinde anlatıldığı gibi hazırlayın.

f) Hamuru muffin teneke kaplara eşit olarak bölün. Muffin kaplarının yaklaşık 3/4'ü dolacak.

g) Muffin kalıbını kenarlı fırın tepsisine yerleştirin ve önceden ısıtılmış fırında 40-50 dakika pişirin.

h) Fırından çıkarın ve tavada 5 dakika soğutun, ardından on dakika daha soğutma rafına aktarın.

i) Her kekin kenarlarını gevşetmek için bir tereyağı bıçağı veya buzlanma spatulası kullanmanız ve ardından folyo kulpları kullanarak muffin tepsisinden kaldırmanız gerekebilir.

j) Bir kaşık vanilyalı dondurma ve sıcak şekerleme sosuyla kaplı bir tabakta sıcak kek servis edin.

91. Matcha dondurması

Porsiyon: 2

İçindekiler:

- Matcha tozu, üç yemek kaşığı
- Yarım buçuk, iki bardak
- Kaşar tuzu, bir tutam
- Şeker, yarım su bardağı

Talimatlar:

a) Orta boy bir tencerede, yarım buçuk, şeker ve tuzu birlikte çırpın.

b) Karışımı orta ateşte pişirmeye başlayın ve yeşil çay tozunu ekleyin.

c) Ateşten alın ve karışımı buz banyosunda oturan bir kaseye aktarın. Karışım soğuyunca üzerini streç filmle kapatın ve buzdolabında soğutun.

d) Yemeğiniz servise hazır.

92. Taiyaki

Porsiyon: 5

İçindekiler:

- Kek unu, iki su bardağı
- Kabartma tozu, bir çay kaşığı
- Kabartma tozu, yarım çay kaşığı
- Şeker, bir su bardağı
- Yumurta, iki
- Süt, yarım su bardağı

Talimatlar:

a) Kek ununu, kabartma tozunu ve karbonatı geniş bir kaba eleyin.

b) Şekeri ekleyin ve birleştirmek için iyice çırpın.

c) Orta boy bir kapta yumurtayı çırpın ve ardından sütü ekleyin.

d) Kuru Malzemeleri ıslak Malzemelerle birleştirin ve iyice çırpın.

e) Hamuru bir ölçüm kabına veya sürahiye dökün.

f) Taiyaki tavasını ısıtın ve tavayı bir fırça kullanarak bitkisel yağla yağlayın.

g) Taiyaki pan kalıbını orta-düşük ısıda yaklaşık %60 oranında doldurun.

h) Kapağı kapatın ve hemen çevirin.

i) Sonra çevirin ve pişirin. Açın ve Taiyaki'nin altın rengi olup olmadığını kontrol edin.

93. Zenzai

Porsiyon: 4

İçindekiler:

- Mochi, bir fincan
- Barbunya, bir su bardağı
- şeker, üç yemek kaşığı

Talimatlar:

a) Bir tencereye barbunya ve beş su bardağı suyu koyun.

b) Kaynatın ve beş dakika pişirin, ardından fasulyeleri süzün ve pişirildikleri suyu atın.

c) Şimdi fasulyeleri süzün, pişirildikleri suyu ayırın.

d) Süzülmüş fasulyeleri tencereye alın, şekeri ekleyin ve orta ateşte sürekli karıştırarak on dakika pişirin.

e) Daha sonra, fasulyelerin piştiği suyu dökün, şekerle tatlandırın ve kısık ateşte karıştırarak pişirin.

f) Mochi'yi ızgarada veya tost makinesinde hafifçe genişleyip kahverengi olana kadar pişirin.

g) Mochi'yi bir servis kasesine koyun ve bir kaşık fasulye çorbasıyla örtün.

94. Okoshi

Porsiyon: 3

İçindekiler:

- Pişmiş pirinç, bir su bardağı
- Tempura yağı, bir yemek kaşığı
- Şeker, bir su bardağı
- Şişirilmiş pirinç, bir su bardağı
- Yer fıstığı, yarım su bardağı

Talimatlar:

a) Pişen pirinci fırın tepsisine ince bir tabaka halinde yayın ve düz bir elek veya servis tepsisi üzerine yerleştirin.

b) Pirinç yarı saydam ve gevrek hale geldiğinde, daha fazla hazırlık için hazırdır. İlk olarak, parmaklarınızı kullanarak topakları parçalayın.

c) Okoshi için bir kalıbı fırın kağıdıyla kaplayın.

d) Tempura yağını 180 dereceye kadar ısıtın ve pirinci derin kızartın.

e) Şeker ve suyu karıştırıp orta ateşte şerbet kaynamaya başlayınca altını kısın ve dilerseniz fıstıkları ekleyin.

f) Kızarmış, şişirilmiş pirinç ve şeker şurubunu hızlıca birleştirin ve bir kaba aktarın. Üstünü bir fırın tepsisiyle örtün ve ağır ve düz bir nesneyle bastırın.

g) Küçük parçalar halinde kesin ve servis yapın.

95. Dango

Porsiyon: 6

İçindekiler:

- Joshinko pirinç unu, bir su bardağı
- Shiratamako pirinç unu, bir su bardağı
- Şeker, yarım su bardağı
- Sıcak su, gerektiği gibi

Talimatlar:

a) Joshinko yapışkan olmayan pirinç unu, shiratamako yapışkan pirinç unu ve şekeri karıştırın.

b) Sıcak suyu azar azar ilave ederek iyice karıştırın.

c) Dango karışımınızı karıştırdığınız kasenin üzerini kapatın ve birkaç dakika mikrodalgada pişirin. Ellerinizi tekrar nemlendirin ve hamuru eşit büyüklükte toplar halinde yuvarlayın.

d) Yemeğiniz servise hazır.

96. Kasutera

Porsiyon: 24

İçindekiler:

- Süt, bir su bardağı
- Bal, iki yemek kaşığı
- Un, iki su bardağı
- Şeker, bir su bardağı

Talimatlar:

a) Fırını 170 dereceye ısıtın.

b) İlk olarak, bir fırın tepsisinin altını ve yanlarını tereyağı veya katı yağ ile kaplayın ve ardından kağıdın bir kısmı tavanın kenarlarından sarkacak şekilde pişirme kağıdı ile hizalayın.

c) Tencerenin dibine şeker serpin.

d) Bir tencereye su kaynatın ve ardından ocaktan alın.

e) Süt ve balı birlikte çırpın ve unu iki kez eleyin.

f) Yumurtaları ve şekeri tencereye ekleyin.

g) Ardından, süt ve bal karışımını çırpın ve ardından un çorba kaşığı ekleyin, karışana kadar her zaman çırpın.

h) Kek işlenecek kadar soğuduğunda, pastayı plastik bir torbaya koyun ve kapatın. Birkaç saat buzdolabında bekletin.

i) Yemeğiniz servise hazır.

97. Şeker şurubu ile susam kreması

porsiyon: 6

İçindekiler:

- 500 ml süt
- 3 yemek kaşığı şeker
- 80 gr susam
- 3 ½ yaprak jelatin
- şurup için:
- 2 yemek kaşığı esmer şeker
- 4 yemek kaşığı beyaz şeker
- 100 ml su

Talimatlar:

a) Susam tohumlarını yağsız bir tavada kızartın. Bir kaşığın arkasını kullanarak susam tohumlarını bir macun haline getirin.

b) Macunu süte karıştırın, 3 yemek kaşığı şeker ekleyin ve şeker eriyene kadar her şeyi ısıtın.

c) Jelatini soğuk suda ıslatın, sıkın ve susamlı süte ekleyin.

d) Sıvıyı kaselere doldurun ve min. Buzdolabında 3 saat.

e) Şerbeti için suyu ısıtın ve içindeki şekeri eritin.

f) Servis etmek için, her kremanın üzerine sos dökün ve üstüne biraz susam serpin.

98. Japon cheesecake

porsiyon: 1 kek

İçindekiler:

- 200 gr beyaz çikolata
- 150 gr taze krema
- 3 yumurta

Talimatlar:

a) Yumurtaları ayırın ve yumurta aklarını dondurucuya koyun.

b) Çikolatayı küçük parçalar halinde kesin ve benmari usulü eritin. Çikolatayı biraz soğumaya bırakın.

c) Yumurta sarılarını ve taze kremayı karıştırın. Kremsi bir kütle oluşana kadar karıştırın.

d) Yumurta beyazını dondurucudan çıkarın, yumurta aklarına çırpın ve yavaşça kütleye katlayın.

e) Hamuru kelepçeli bir kalıba koyun ve 180 ° C'de dakika pişirin. Ardından ısıyı 150 ° C'ye düşürün ve 15 dakika daha pişirin. Son olarak kapalı fırında 15 dakika dinlendirin.

99. Japon kahvesi jöle

porsiyon: 4

İçindekiler:

- 470 ml sert, sıcak kahve
- 1 paket toz jelatin
- 60 gr şeker
- 100 ml krema
- 2 yemek kaşığı şeker

Talimatlar:

a) İlk olarak jelatin tozunu 4 çay kaşığı su ile karıştırın ve 10 dakika şişmesini bekleyin.

b) Kahveye şekeri ekleyin ve şeker eriyene kadar karıştırın. Kahveyi soğumaya bırakın.

c) Kahveyi düz bir tabağa (yaklaşık 2 cm yüksekliğinde) doldurun ve 6 saat buzdolabına koyun.

d) Kremayı 2 yemek kaşığı şekerle çırpın.

e) Kalıbı buzdolabından çıkarın ve her şeyi büyük küpler halinde kesin. Krema ile servis yapın.

100. Japon tarzı kızarmış meyve

porsiyon: 6

İçindekiler:

- 1 yumurta (beyazı dahil)
- 200 gr un
- 1 tutam tuz
- 1 çay kaşığı şeker
- 1 tutam öğütülmüş zencefil
- 1 muz
- 1 elma
- 1 armut
- Kızartmak için yağ
- toz şeker
- 300 ml soğuk su

Talimatlar:

a) Yumurta aklarını 300 ml soğuk su ile köpürene kadar çırpın.

b) Unu eleyin ve tuz, şeker, zencefil ve yumurta akı köpüğü ekleyin. Her şeyi akıcı bir hamur haline getirin ve bir saat buzdolabında saklayın.

c) Meyveyi hazırlayın. Muzları uzunlamasına ikiye bölün ve dörde bölün. Armut ve elmayı yıkayıp çekirdeklerini çıkarın. Sonra onları dilimler halinde kesin.

d) 4-5 cm yüksekliğindeki yağı derin bir tavaya alıp kızdırın. Bitmiş meyve için kağıt havluları hazır bulundurun.

e) Meyveyi porsiyonlar halinde yağa ekleyin ve kızarana kadar kızartın.

f) Onları mutfak kağıdının üzerine koyun ve meyvelerin süzülmesine izin verin.

g) Meyveleri biraz pudra şekeri ile tozlayın.

ÇÖZÜM

Ne yolculuk! Harika Japon yemeklerini bir kerede öğrenmek zahmete değerdi... ve Asya temalı bir partiye ev sahipliği yapmayı planlıyorsanız, Asya mutfak becerilerinizi uygulamaya başlamak ve kendinizle gurur duymak için iyi bir zaman. Bu yüzden, onları tek tek denemekten çekinmeyin ve nasıl gittiğini bize anlatmayı unutmayın.

Japon Mutfağı, yemek çeşitliliği ve genellikle sadece Japonya'da yetişen nadir baharatların geniş kombinasyonu ile bilinir.

Japon Yemeklerini Pişirmenin Mutluluğu!

Lightning Source UK Ltd.
Milton Keynes UK
UKHW021042120123
415164UK00009B/74

9 781805 422648

The Journey Beyond

Learning to Live Beautifully in a Troubled World

Rocky Trail Press

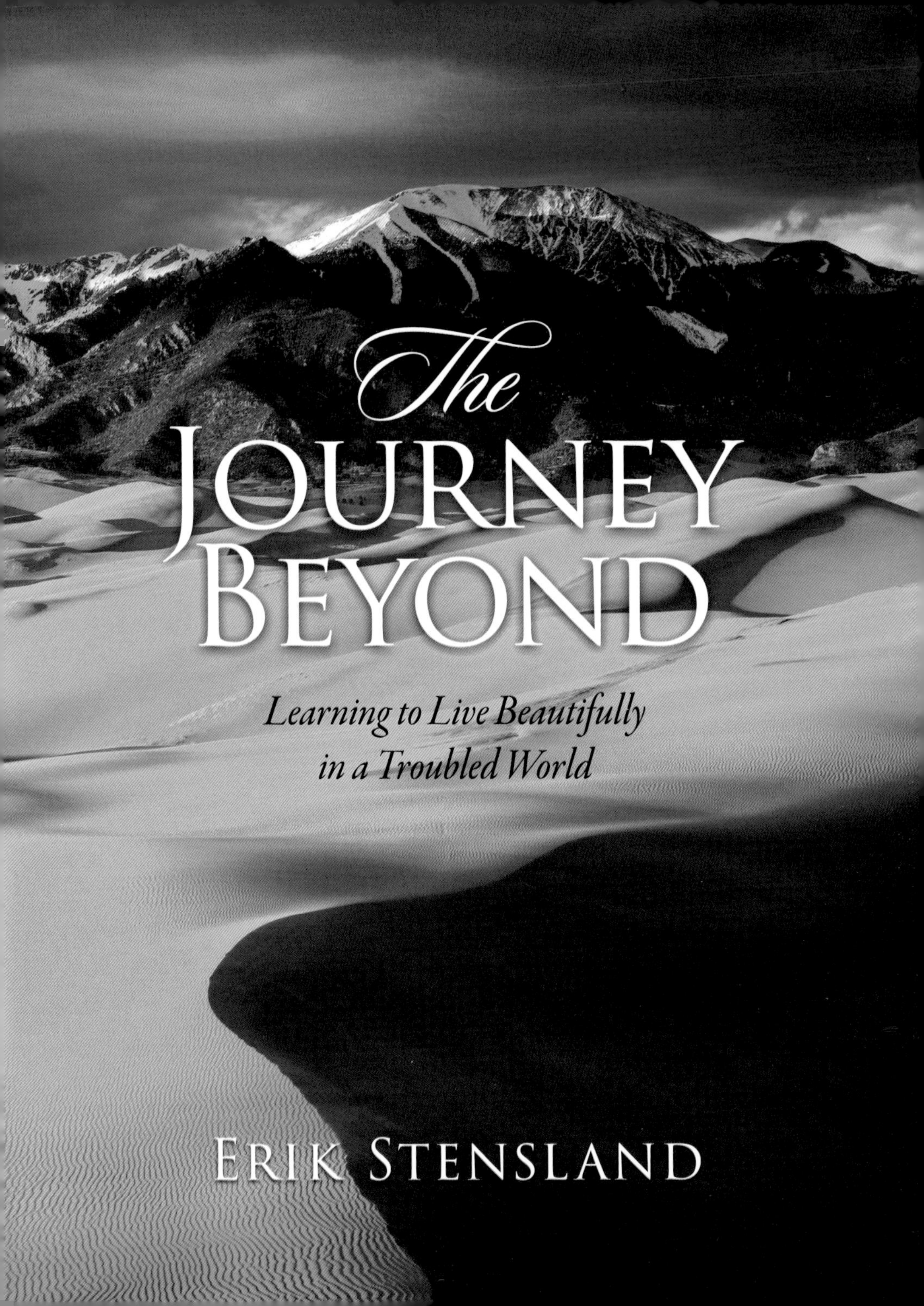

The Journey Beyond

Learning to Live Beautifully in a Troubled World

Erik Stensland

ROCKY TRAIL
PRESS

Rocky Trail Press
P.O. Box 2843
Estes Park, CO 80517
www.RockyTrailPress.com

All photos and text by Erik Stensland,
ImagesofRMNP.com & MorningLight.us

Publisher's Cataloging-In-Publication Data
(Prepared by The Donohue Group, Inc.)
Names: Stensland, Erik, 1968- author, photographer.
Title: The journey beyond : learning to live beautifully in a troubled world / Erik Stensland.
Description: Estes Park, CO : Rocky Trail Press, [2021] | Series: [Whispers] ; [2]
Identifiers: ISBN 9781970099997
Subjects: LCSH: Spiritual life--Meditations. | Nature--Psychological aspects. | Nature photography--21st century--Pictorial works. | Quality of life--Psychological aspects.
Classification: LCC BL624.2 .S74 2021 TR721 | DDC 204/.4 778.93--dc23

Book design by Jerry Dorris, AuthorSupport.com
Edited by Janna Nysewander
Contributing editor: Joanna Stensland
Special thanks to reviewers: Carl Schmidt, Nancy Conley, & Laura Kratz.
ISBN: 978-1-970099-99-7
Printed in South Korea

Front cover: The last light of day kisses the dunes in Great Sand Dunes National Park & Preserve in southern Colorado.

To those who ignore the crowd
and follow the Whisper within.

The call deep within all of us
is to live a life of beauty.

Contents

Introduction

If you are anything like me, you have this deep yearning within to live a meaningful life, a life that in some way makes this world a better place. I think we all have that longing, though for some it may be dulled or hidden by years of struggle and pain. I hope I can encourage you to reconnect with that quiet voice within that calls us to a life of beauty and meaning.

This book continues the journey that was started in the first book in this series, *Whispers in the Wilderness*. We still follow the trail toward wholeness, but now it leads us beyond ourselves and out into our troubled world. Here we are challenged to step outside the dominant paradigms that keep our world trapped in unhealthy patterns of self-destruction. Along this path, we encounter deeper ways of seeing and healthier ways of engaging with our society and our planet. As these ways become part of our lives, we not only find freedom for ourselves, we also become agents of healing in the world around us.

This path to wholeness is never easy. It seems to always head into places we would rather not go. In some ways, it reminds me of the path to healing offered by physical therapists. Those areas where we are stiff and sore are always the ones they work on. They don't do it to cause us pain, but to bring strength and health back to those places in our body. I think you will find this trail to be much the same.

This book is in part an attempt to help us take a fresh look at American society and to move beyond the aggressive, polarized culture that keeps us locked in a cycle of hate and division. Our nation is facing deep-rooted challenges that cannot be solved at the level of politics. My hope is that this book will help us to become people who can envision the way to a better future.

I've chosen to reflect this part of our journey through the photos I've selected. I've included photos not only from my beloved Rocky Mountain National Park but also from the harsh Desert Southwest, the sweeping vistas of Scotland, the primeval landscape of Iceland, the lush rain forests of the Pacific Northwest, the rugged coasts of England, the gentle waters of the Adriatic, and the towering peaks of the European Alps. These images reflect the diversity of challenges and beauty we encounter along the way.

Like *Whispers in the Wilderness*, this is not a simple narrative or "how to" approach but rather a series of individual reflections designed to help us ponder and listen to that voice within. As you make your way through this book, I encourage you to read only a page or two at a time. I suggest taking time after reading each page to rephrase it in your own words. Then listen in the silence and see if you can hear what that gentle Whisper within is asking of you.

While *Whispers in the Wilderness* was more of a devotional type of book, this one is a little different in that it has been written to help us think more deeply about how our internal world should relate to the outer world. It will require some additional work on your part to apply it to your situation. I hope you will make that effort and not shrink back. Also, be aware that from time to time I will touch on the same issue over several different pages, but each time from a slightly different perspective. In doing so, I hope to clarify the issue so that we might see it more clearly and engage with it more fully. I find in my own life that it often takes a bit of repetition for some thoughts to sink in and begin to take hold.

While I cannot promise that the journey ahead will always be an easy one, I can promise you it's one that you will not regret. The path to wholeness is not only the path to personal transformation but also to the healing of the world itself. I hope you will join me on this journey.

The path to wholeness
always begins with an
honest look within.

On the Path

So much of the time life is complicated and confusing. We are pulled and pushed in multiple directions. It often feels like we are Ping -Pong balls bounced back and forth without any choice in the matter. As a result, life often feels ungrounded and without a coherent thread.

When we finally pull ourselves away from the craziness and step into the quiet of the natural world, our pulse drops to a healthier level, our spinning mind finally slows down, and the stillness of the forest begins to work its magic within us. Here in the silent wild we begin to see with growing clarity. All that is trivial in our lives is exposed, and that which actually has meaning becomes obvious.

In the stillness, we can finally hear that gentle voice deep within. This is the solid ground we've been looking for. This voice is our guide through the tumult. It calls us to remain connected not only now here in the quiet but also when we leave the forest and return to the busy world. It is in this connection that we rediscover the path toward wholeness.

What Is This Journey?

This trail I am on is the journey to become real, to become the person I was meant to be in a world that has sought since my birth to form me in its own mold.

I often think I know who I am or what my true shape is, but I realize that my idea of myself is deeply distorted without my being aware of it. Who I think I am is greatly shaped by my culture, by what I read and listen to, and even more by the life challenges I've faced. Often what I think is me is instead merely the coping mechanisms I've developed to help me survive.

If I am to discover what is true within, all that is false and superficial needs to be stripped away. I need to stop pretending and allow myself to be peeled back to the core. If I can rediscover and live from that tender center within, attuned to the gentle Whisper, it changes everything. It allows beauty to flourish in my life, and that touches everyone and everything I encounter. This is a first step on the path to personal and societal healing.

Underneath it All

There are times when I find myself judging others and even myself quite harshly. I get so distracted by what I see on the surface. The flaws are so obvious, the sins so egregious, the attitudes so contemptible. It makes me want to despair. Yet time and time again, I've seen that when we wash off all the mud and debris that have accumulated through the years, there is real substance under the surface of all of us that is worthy of our attention.

Beneath the wounds, the scars, the deep fears, and all the coverings we have made to protect ourselves, there is a delicate core. Hidden, even in the seemingly worst of us, at the very center, far from view, is a person of unique beauty and, yes, even tenderness. This is who they are trying to protect, who they might have been, and who they might still become. Instead of judging harshly, I must learn to see and address the person within and gently call them out into the light.

At the same time, I must extend that same grace to myself and seek to live outside my shell. If there is hope for our world, it is found here in our mutual vulnerability and acceptance.

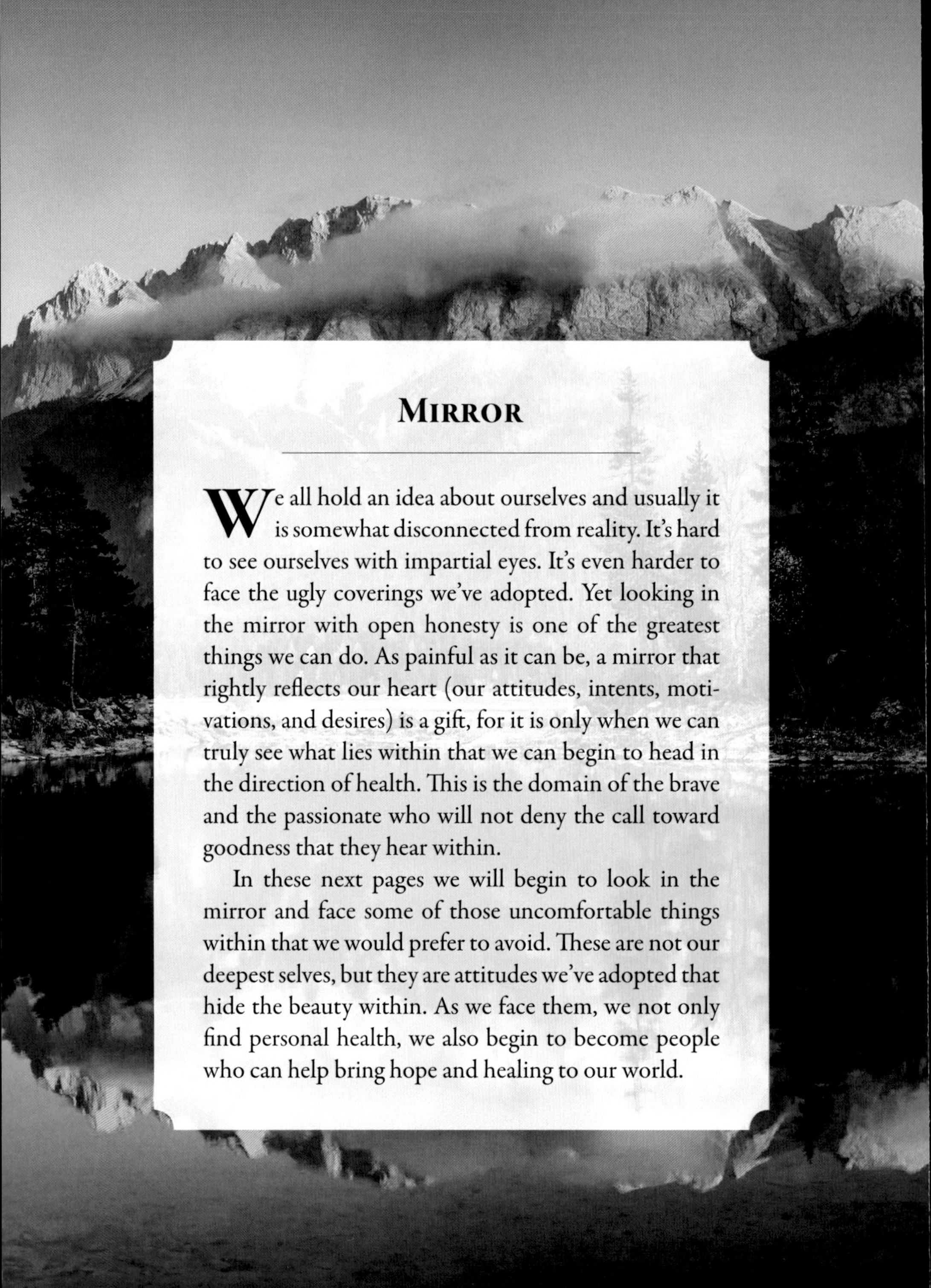

Mirror

We all hold an idea about ourselves and usually it is somewhat disconnected from reality. It's hard to see ourselves with impartial eyes. It's even harder to face the ugly coverings we've adopted. Yet looking in the mirror with open honesty is one of the greatest things we can do. As painful as it can be, a mirror that rightly reflects our heart (our attitudes, intents, motivations, and desires) is a gift, for it is only when we can truly see what lies within that we can begin to head in the direction of health. This is the domain of the brave and the passionate who will not deny the call toward goodness that they hear within.

In these next pages we will begin to look in the mirror and face some of those uncomfortable things within that we would prefer to avoid. These are not our deepest selves, but they are attitudes we've adopted that hide the beauty within. As we face them, we not only find personal health, we also begin to become people who can help bring hope and healing to our world.

Honest Vulnerability

I don't like to be vulnerable, not one bit. I am a very private person and find self-revelation to be both painful and embarrassing. I want to project an image of confidence and competence, yet that is not completely honest. I struggle to maintain balance in my life or to handle more than two things at a time. I am not particularly aware of my own emotions or very adept in handling those of others. I often find relating to the outside world overwhelming. There are many days I struggle to function because of chronic insomnia. Imperfection and conflict lie just under the surface of my life, as I suspect they do with you and everyone else.

Our society prefers to play make-believe. We hide our struggles and expect everyone else to do the same. We speak to the superficial other with our own superficial self, never really connecting with the person underneath.

We are afraid to be vulnerable. That is the root of our entire superficial society. It manifests itself in thousands of ways, from how products are advertised to what we expect of our politicians. It forms a world of unhealthy behavior.

The antidote, as always, begins with you and begins with me. We need to be real, to allow those around us to get a glimpse beneath the outer shell. Not only does that free us but also lets them know it's safe for them to be real too. It is not about spilling out our problems to everyone we meet; rather, it is giving up our need to convey a picture that we have it all together. It may seem like a small thing, but isn't that how meaningful change often begins?

Desert Humility

If you've ever spent time exploring remote desert areas, you're familiar with the intertwining of beauty and danger. As your eyes adjust to your surroundings, you begin to see fascinating shapes, colors, and textures in this seemingly desolate area. At the same time, you realize the precariousness of your own life in this place with little water, intense heat, and no person, road, or even phone signal anywhere nearby.

In such an environment, humility is a requirement. Bravado and pride are surefire ways to end up in serious trouble. Instead, being acutely aware of your limitations and acting with great thoughtfulness is the key to coming back alive.

Our daily lives might seem quite tame by comparison, yet these same skills are needed there in much the same way. We easily get too comfortable and become self-assured, certain of life's answers. We accept the surface-level perspective and refuse to take a deeper look at ourselves, others, or the many issues that we think we understand. Our pride obstructs our vision, keeps us from seeing the impacts of our actions, and prevents us from noticing the constant change happening all around us. Most of all, it keeps us from truly hearing and understanding one another.

Humility is not highly regarded in our world, but it is vital we bring it with us on the journey toward personal and societal wholeness.

Reality Check

I'm not very good at accepting my own limitations. I have goals in nearly every area of my life, from the photos I want to capture to books I want to write, projects I want to start, changes I want to make in myself and in my business. I'm far more driven than I would like to be. Yet despite my considerable drive, I find it impossible to reach all my goals.

I have more limitations than I even admit to myself. There are limitations such as the number of daylight hours, my sometimes-delicate physical health, the lack of sleep, or my family commitments. Other limitations have more to do with my own internal wiring, which I did not choose nor do I seem to have the skills to rewire. These often feel like towering walls I cannot go over or around.

When I choose to ignore my limits, they knock me to the ground with such force that it's hard to get up again. Slowly, I am learning I can't do all that I aspire to do and be all that I want to be. This is hard to accept and requires a real grieving process to let go and move beyond. Yet these limitations are not an excuse for me to sit on the sidelines. What health and wholeness ask of me is to acknowledge my limitations and befriend them instead of bemoan them. They are here to teach me humility, to clarify my priorities, to help me discover creative possibilities, to protect me from myself and perhaps to protect the world from an unbridled me.

Each of us faces a very different set of limitations that keep us from being and doing all that we might desire. Are you willing to admit your limitations and consider how might you work within them to bring healing to the world around you?

Unexpected Guides

I'm learning to accept the things that life throws at me and I'm even beginning to admit that a great deal of life is outside of my control. In earlier years I would fight to stay in charge, and I viewed every inconvenience as an enemy to be defeated. Sickness, sleeplessness, schedule changes, and every form of unwanted surprise typically meant that I just had to work harder.

I'm now growing to see that I control far less than I ever realized and that so many of my plans are not as important as they seem. As my vision becomes clearer with each passing year, I'm learning that what is most important in life is not what I do but who I become. Though extremely uncomfortable, it is those unwanted inconveniences that form me more than anything else. So, I am learning to accept them with full knowledge that they will upset all that is on my agenda and create a whole host of messes in my neat and tidy life.

Surprisingly, there is a growing serenity and a deep internal knowing that all will be well. Sometimes the problems these inconveniences bring can be fixed; sometimes they can't. I've had a few of these uninvited visitors make themselves at home in my life for years now. They are like painful thorns in my boot. But I also see that they are unexpected guides leading me into deeper transformation than I would have ever experienced without them.

Rocks and Flowers

Pick up a rock, any rock. Have a close look at it. Look at its lines and texture. Notice its subtle colors. There's beauty to be found there. Now take a moment and think about the fact that this rock was here long before you were born, long before your grandparents or their grandparents were born, and it will still be here long, long, long after you've gone.

Your life and mine is a fragile, fleeting thing. We are merely passing through. Some decades ago you did not exist, and in another few decades you will be gone again. From the perspective of a rock, we are like a wisp of wind or a flash of lightning. All our boasting, our accomplishments, our fortune, and even our fame is without meaning when viewed from the perspective of a simple rock.

What, then, is this short life of ours? Does it have any meaning? Perhaps we are like flowers, here briefly to bring our unique beauty into the world—a diverse, colorful, and marvelous beauty. Perhaps we are each here to bathe in the sunshine and the rain, to awaken to the wonder of life, to celebrate each other and our marvelous world, and to become fully ourselves as we ponder the mystery behind it all.

Aspire to Gentleness

I'm guessing that you didn't grow up with a dream of one day being known as someone who is gentle. Yet gentleness may be one of the things most needed in our world today. Just using that word makes most of us uncomfortable. Our world teaches us that we need to be assertive, strong, and unshakable. Gentleness seems to call us in a different direction, but it isn't calling us to be passive, weak, or to allow ourselves to be run over. No, gentleness is about moving beyond the primitive reptilian responses of our amygdala. It is bravely approaching the world with our defenses down, with sensitivity to everyone we encounter, treating all people and all things with a sense of perceptive care.

When the sun rises and its first rays reach out over the horizon, they bend over the sphere of the earth, creating a warm, gentle light. No one would accuse the sun of being less powerful; it simply approaches each morning and evening in a gentle way.

When we engage others with hardness, our defenses up, inevitably others respond back to us in the same way. It creates a world where nothing can change. Gentleness requires more courage, but it creates the possibility of change, of dialogue, of viewing the other person for who they are behind the outer façade. When we live with gentleness, it brings beauty and hope into all the spheres of life that we inhabit.

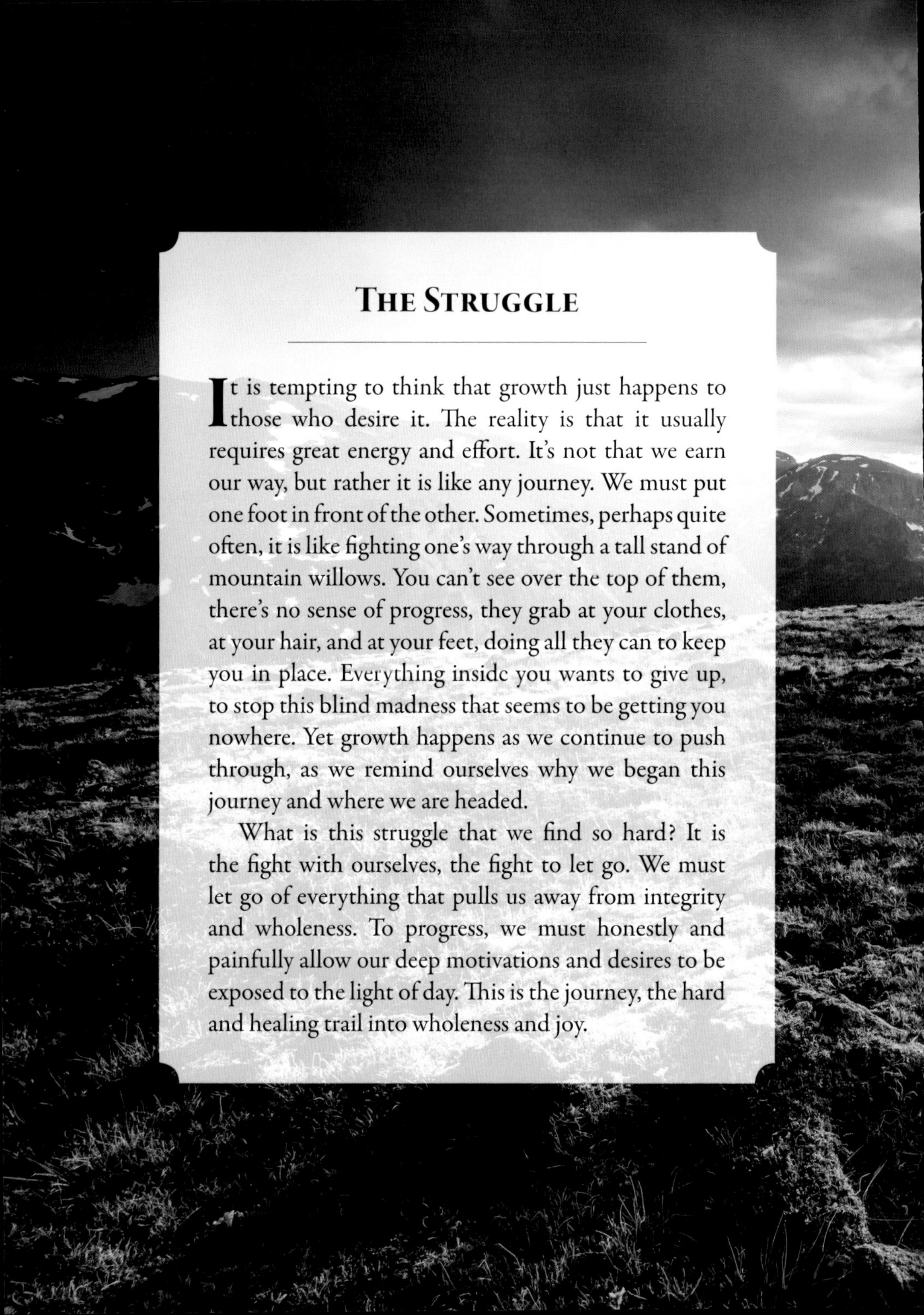

The Struggle

It is tempting to think that growth just happens to those who desire it. The reality is that it usually requires great energy and effort. It's not that we earn our way, but rather it is like any journey. We must put one foot in front of the other. Sometimes, perhaps quite often, it is like fighting one's way through a tall stand of mountain willows. You can't see over the top of them, there's no sense of progress, they grab at your clothes, at your hair, and at your feet, doing all they can to keep you in place. Everything inside you wants to give up, to stop this blind madness that seems to be getting you nowhere. Yet growth happens as we continue to push through, as we remind ourselves why we began this journey and where we are headed.

What is this struggle that we find so hard? It is the fight with ourselves, the fight to let go. We must let go of everything that pulls us away from integrity and wholeness. To progress, we must honestly and painfully allow our deep motivations and desires to be exposed to the light of day. This is the journey, the hard and healing trail into wholeness and joy.

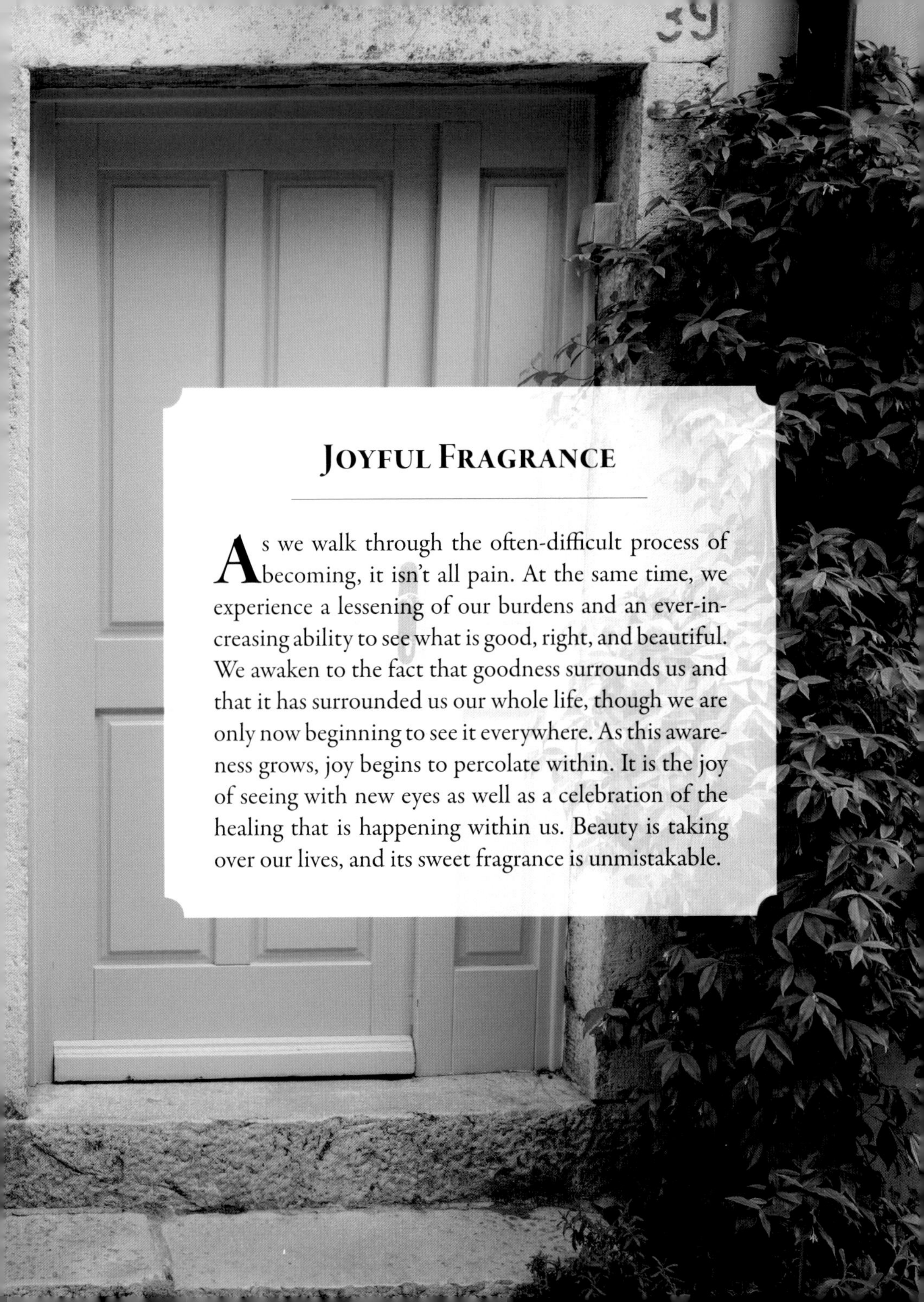

Joyful Fragrance

As we walk through the often-difficult process of becoming, it isn't all pain. At the same time, we experience a lessening of our burdens and an ever-increasing ability to see what is good, right, and beautiful. We awaken to the fact that goodness surrounds us and that it has surrounded us our whole life, though we are only now beginning to see it everywhere. As this awareness grows, joy begins to percolate within. It is the joy of seeing with new eyes as well as a celebration of the healing that is happening within us. Beauty is taking over our lives, and its sweet fragrance is unmistakable.

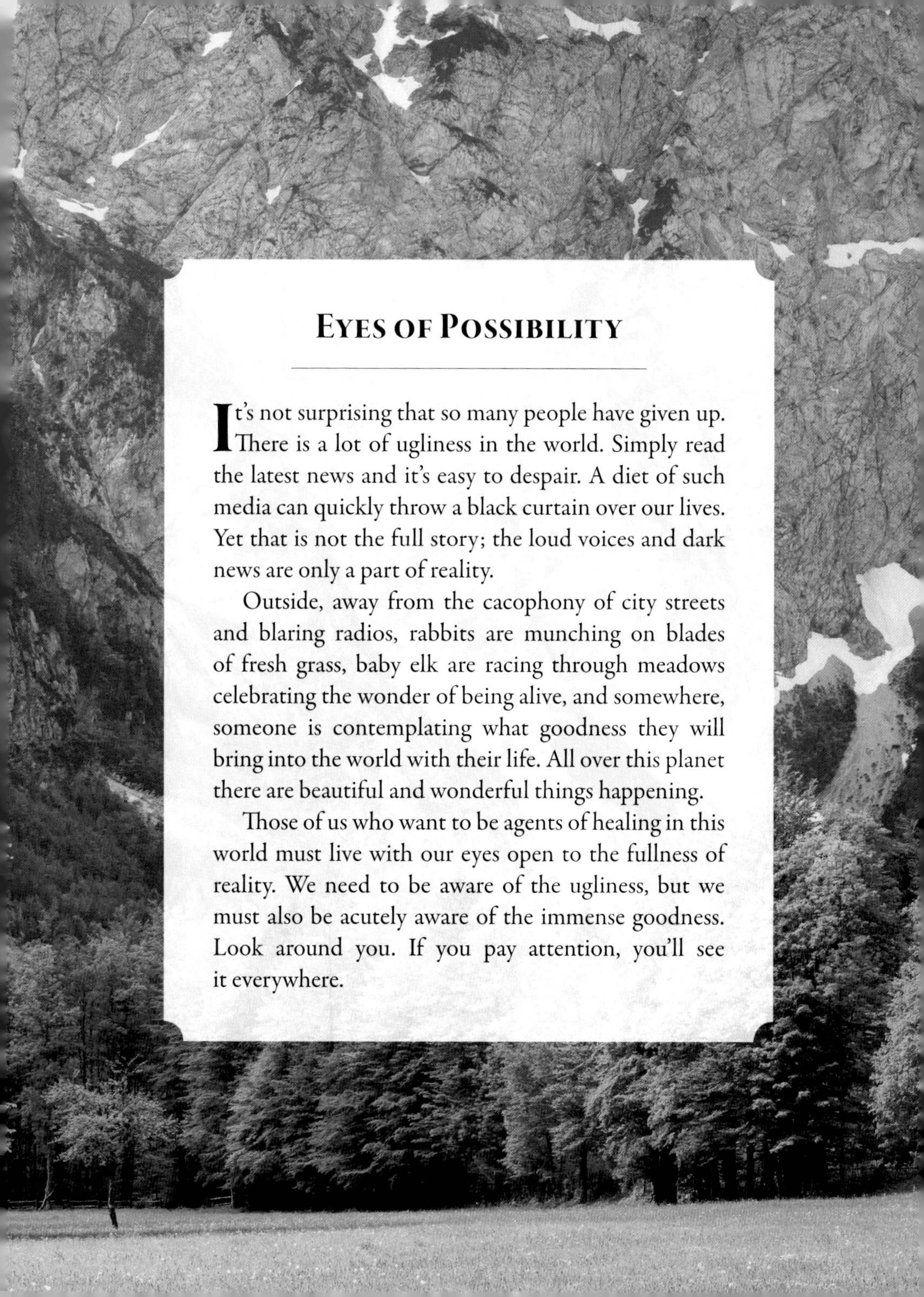

Eyes of Possibility

It's not surprising that so many people have given up. There is a lot of ugliness in the world. Simply read the latest news and it's easy to despair. A diet of such media can quickly throw a black curtain over our lives. Yet that is not the full story; the loud voices and dark news are only a part of reality.

Outside, away from the cacophony of city streets and blaring radios, rabbits are munching on blades of fresh grass, baby elk are racing through meadows celebrating the wonder of being alive, and somewhere, someone is contemplating what goodness they will bring into the world with their life. All over this planet there are beautiful and wonderful things happening.

Those of us who want to be agents of healing in this world must live with our eyes open to the fullness of reality. We need to be aware of the ugliness, but we must also be acutely aware of the immense goodness. Look around you. If you pay attention, you'll see it everywhere.

Morning Dance

The sun rises, and we quietly slip into a new day. We sip our coffee as our minds wander over the imagined path of the day ahead, flitting from tasks on our lists to activities on our calendars. In our slowly-awakening minds, it all seems so mundane, much like the days and months that preceded it. Yet we miss that this new morning is alive with unexplored possibilities. It is one of the handful of days we've been given. We can mindlessly bumble through it, or we can awaken our hearts and greet the day with expectancy.

Though the tasks and events are still there waiting for us, they are not all that awaits us. At every turn, we encounter a world of wonder and possibility, where the invisible peeks through at us. From the glistening snow on the naked branch to the laughter in the eyes of the store clerk, we get glimpses of the deeper reality in which we live. In each moment, we are moving toward or away from wholeness, a wholeness that unites us with the unseen substance of our world. We are either joining the song of creation or missing it altogether. There is a joyful dance taking place, hidden behind the visible. Each morning, we are invited to join in that dance and bring that goodness out into our world.

Unearned

There are so many days when nothing works out the way I had hoped, and then there are other days that are so wonderful I can't imagine anything better. We don't earn the good days that come or deserve the bad days that befall us. Like rain and sun, they don't discriminate.

The important question to ask ourselves is not, "Why did this trouble come?" or, "How is it that am I so blessed?" The real question to ask is, "Who will I become through this?"

Both

Our lives are lived between mourning and dancing, between laughter and longing, defeat and victory. It is a constant temptation to embrace just one of these and make it our own. Some wallow in the sadness and ugliness of life, unable to see its beauty. Others embrace the wonder and goodness while intentionally ignoring the darkness. Both responses make sense, and both grasp a portion of reality. In some ways, it may be easier to hold on to just one of these and define life through that lens, yet it leaves us unbalanced and unable to bring meaningful hope into our world.

To live as people who enrich this world, we must not only acknowledge but also fully participate in them both, allowing the sorrows and the joys to wash over us. Many times, we will even need to hold them at the same time, perhaps celebrating the wonder of a new life before visiting a friend with cancer. In learning to navigate and hold these seemingly opposite aspects of life, we not only find personal and societal health, but from time to time we may catch a glimpse of the complexity, wonder, and beauty that lie beneath it all.

Here

I am here now.
Here in the chaos.
Here in the stress and the pain.
I won't deny it,
Nor seek escape.
I embrace what is.
Here.
Now.
Both the difficulty and the goodness.
Here is where I live.
Here is where God would have me be.
Here.

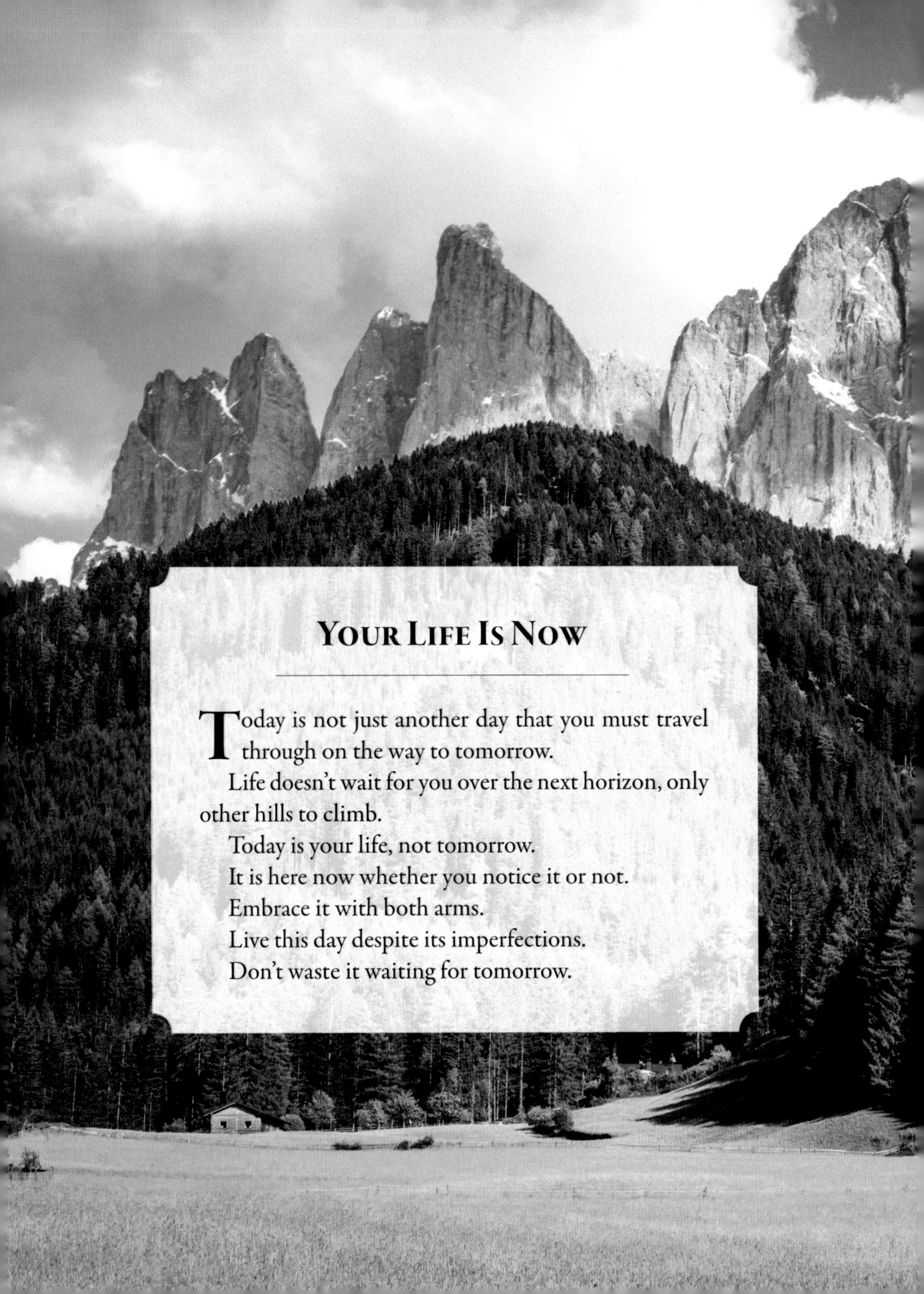

Your Life Is Now

Today is not just another day that you must travel through on the way to tomorrow.

Life doesn't wait for you over the next horizon, only other hills to climb.

Today is your life, not tomorrow.

It is here now whether you notice it or not.

Embrace it with both arms.

Live this day despite its imperfections.

Don't waste it waiting for tomorrow.

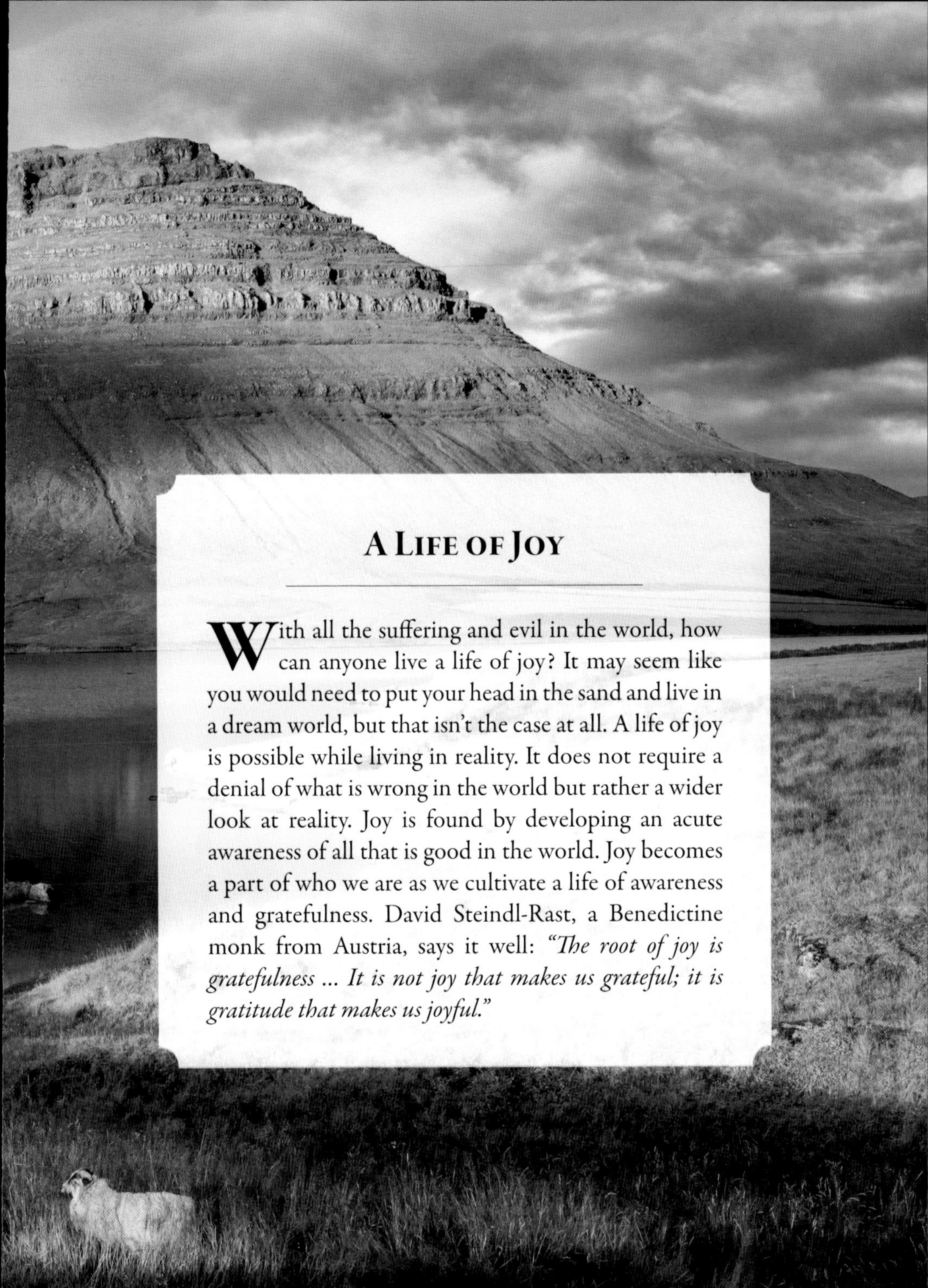

A Life of Joy

With all the suffering and evil in the world, how can anyone live a life of joy? It may seem like you would need to put your head in the sand and live in a dream world, but that isn't the case at all. A life of joy is possible while living in reality. It does not require a denial of what is wrong in the world but rather a wider look at reality. Joy is found by developing an acute awareness of all that is good in the world. Joy becomes a part of who we are as we cultivate a life of awareness and gratefulness. David Steindl-Rast, a Benedictine monk from Austria, says it well: *"The root of joy is gratefulness ... It is not joy that makes us grateful; it is gratitude that makes us joyful."*

Dip Below

Nearly all of us lead busy lives, juggling more than we ought and trying to keep calm amid a tornado of activity. When it comes time to be still, even though the body is no longer moving, the mind continues to revolve in sync with that tornado. It is so tempting to think that this is our reality, yet there is another reality we overlook.

Have you ever been to a noisy swimming pool? If you put your head under the water, all that chaos vanishes into a calm and peaceful underwater world. We can do that with our inner lives, dipping beneath the surface to that place where our longings, our values, our deepest selves exist.

To live coherent lives, we must live from this place into the outer world. If we try it the other way around, we'll find that we remain trapped on the noisy surface. We need to practice dipping below the surface and bringing the treasure we find there into the chaos above.

Old Ponderosa

As the ponderosa pine enters its later years, the pointed and certain tip of its youth softens and gives way to a much more rounded appearance, often with a quirky twist unique to that particular tree. This transition takes place slowly and is often only noticed years later.

While it may have released some of its upward certainty, it is now more grounded than it has ever been. Behind the scenes where none can see, its taproot has gone down deep into the earth in search of moisture, the source of life. With its growing girth and stability, it's clear that it has been successful, despite the dry and sandy surface soil.

During these later years, the ponderosa's bark becomes thick and more immune to what life throws at it. At the same time, the bark slowly becomes more colorful, especially when seen on a snowy day. When the sun warms its bronze chest, you may catch hints of butterscotch wafting by. On such days, the drying needles at its feet fill the forest with the most enchanting fragrance, reminding me of all the goodness to be found in the world.

The old ponderosa's long branches are like arms held wide open to all that will come. It lives both fearlessly and gently, a wise and welcoming soul in an often harsh and cruel world. In so many ways, the old ponderosa shows me a picture of who I long to become.

Our journey is far from complete
if it only involves our self.

The Pass

As I make my way on this journey of life up to the top of the pass, my legs are feeling wobbly and my energy levels are dipping. I'm very ready to take a long-needed break, so I drop my pack and find a comfortable boulder on which to perch. It's been a long trip. There have been so many difficulties that I've faced within myself, so many wrong beliefs, so many fears, and so many things that I had upside down. I'm such a different person from the one who set out on this adventure.

My eyes scan back behind me toward the horizon and I realize that this view is simply amazing! I can see where I started. I could live here and spend the rest of my days reminiscing on all that I have achieved. I've earned it, haven't I? Yet inside I know this is just a temporary stop. The trail beckons me onward. My continued growth lies further along this trail.

As I turn and look at the way ahead, I see that the trail is not smoother. This rocky path descends into a haze-filled valley with towns and cities scattered throughout. I'd like to skip this section and get back to gentle streams and quiet paths, but I know that none of us on the journey to wholeness gets the luxury of skipping sections. Each part of the trail plays an important role in forming us, so it is no surprise that each section also requires something very different from us.

Just where the trail begins to descend, there's a large, weathered warning sign that says, CAUTION, STEEP DESCENT INTO HUMAN SOCIETY. BE PREPARED FOR DIVIDED INHABITANTS, A FAINT AND AT TIMES INDISTINGUISHABLE TRAIL, AND A GENERAL LACK OF FRESH AIR. As I reel at this shocking warning, I hear a Whisper within asking me, *"What gifts will you bring into this valley, and who will you become as you travel through it?"*

Work to Do

As I start my descent, I begin to reflect on these questions: *What will I bring? Who will I become?* My first response is to think, *What could I possibly have to offer?* I feel like a poor man asked to feed a crowd. My fear begins to grow, and I wonder if down in this chaotic valley I will lose myself and the progress I've made. What will keep me grounded when the world starts to spin, and what will keep me heading in the right direction when the way becomes unclear? Can't we skip this section of the journey? I'm not prepared for this!

Again, that Whisper within speaks, *"Don't be afraid. You have important work to do. Pursue the way of goodness in all things and you will have all you need."*

Why Goodness?

The way of goodness? What does that mean? What makes goodness so important? Why should my focus not be on love, integrity, or something else? As I ponder this, I realize that the way of goodness is the way of love; however, we've used the word *love* so often that it has holes in it and now carries only a fraction of its fullness. I realize that we also confuse love with some nebulous romantic feeling that comes and goes.

Goodness is a word that isn't really part of our daily vocabulary. As a result, it forces me to stop and think. It seems to refer to that deep internal compass we all share. I'm not referring just to our conscience, which tells us right from wrong, but something more than that, something we don't really have a name for. It's an internal orientation that quietly points us in a direction that is often contrary to our natural inclination.

Although some of us through life circumstances and choices may have lost awareness of this internal guide, it is there nonetheless, and we can grow attuned to its signal. It calls us toward wholeness in our personal lives, in our relationships, in our society, and even in our connection with the natural world. Yet it is about much more than "being good" and doing the right things. It is more about *being* itself. It calls us to an integrity that runs through the very core of our being and expresses itself in our every action in the world. At the same time, it propels us beyond ourselves, and if fully pursued, it leads us to a recognition of a deeper reality, the very source of that guiding compass.

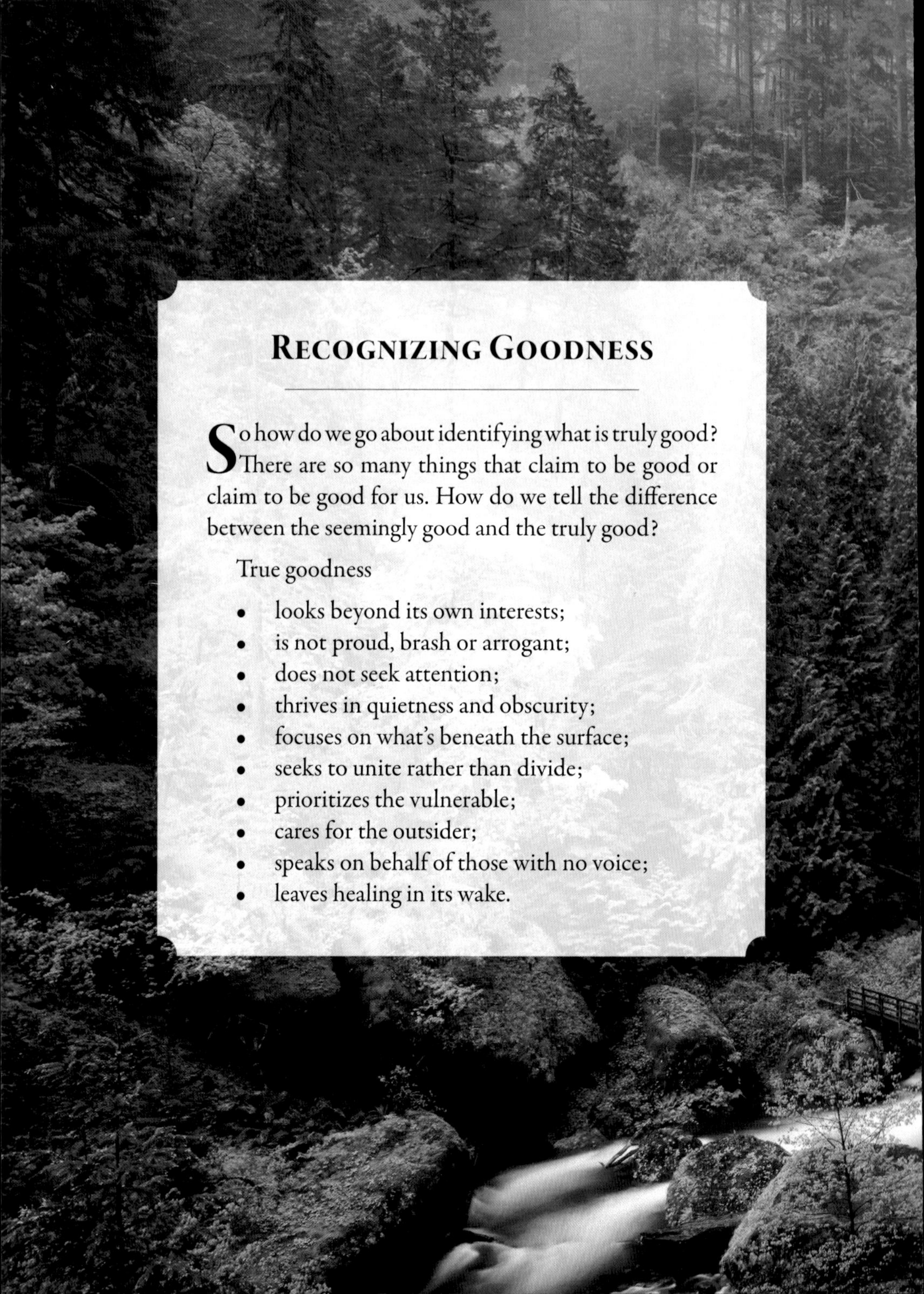

Recognizing Goodness

So how do we go about identifying what is truly good? There are so many things that claim to be good or claim to be good for us. How do we tell the difference between the seemingly good and the truly good?

True goodness

- looks beyond its own interests;
- is not proud, brash or arrogant;
- does not seek attention;
- thrives in quietness and obscurity;
- focuses on what's beneath the surface;
- seeks to unite rather than divide;
- prioritizes the vulnerable;
- cares for the outsider;
- speaks on behalf of those with no voice;
- leaves healing in its wake.

Bringing Goodness

How then do we bring goodness into this world? There are many ways, but here are just a few:

- By recognizing the goodness and beauty that is already present all around us.
- By presenting beautiful alternatives to the ugliness in our society.
- By boldly doing what we know to be good and right regardless of the consequences.
- By caring for the small and seemingly insignificant things.
- By taking action to care for all who are vulnerable.
- By being active stewards and protectors of the natural world.
- By refusing to allow another's darkness to overcome us.
- By refusing to allow anger and bitterness to take hold within us.

How do we bring goodness into this world? We do it by actively living out the beauty we long to see in our world.

To Live Beautifully

Oh, to live beautifully in an ugly world
Not to be seen or praised
Instead to bring healing and hope
It is hard work living beautifully,
To face the darkness within
Aware of my failures and blindness
It is a life of humility
An unwavering pursuit of goodness
An unwillingness to think I've arrived
Such a life does not call attention to itself
It seeks out the beautiful
It points toward what is good
It faithfully draws our attention to the light

The Way of Peace

Fear is constantly trying to distract us
It says, *Look over there ... it's coming!*
The focus is always out over the horizon
It leads to dread over what could happen
Peace calls us to be present
While it does not deny the coming storm
Its focus is beyond the circumstances
It is grounded in a deeper, more permanent reality
Peace enables us to act with wisdom
It allows us to smile and even laugh in the storm
It protects us from tunnel vision
It enables us to view all who inhabit this earth as family
While fear will push us to selfishness
Peace opens us to the bigger picture
Fear leads to internal breakdown
Peace provides resilience
Peace doesn't deny or downplay reality
Yet peace is not dependent on the current situation
Its roots go down deep, far below today's happenings
Peace alone will keep us through the storm

We must follow this trail even as it
leads beyond safety, beyond comfort,
and beyond simple answers.

FLAMMABLE INDIGNATION

As July gives way to August, the summer rains appear to leave for vacation while the temperatures continue to climb. It is not long before the grasses, sedges, flowers, and bushes turn from green to brown, and each step through the wild crunches beneath your feet. This is wildfire season in the Rocky Mountains, when a small spark can create massive fires. At this time of year, the air is often filled with smoke floating in from other places, reminding us that we could easily be next to ignite.

Sadly, our society is often like the late-summer forest. Tensions grow over some political subject until we are all wound so tightly that we are fuming with anger. Many of us become addicted to this feeling of indignation, which is fed by the media and politicians on all sides. This indignation quickly spreads to those around us—both those who agree with us and those who disagree. It spreads through our relationships and our communities like wildfire, destroying everything in its path and preventing any of us from hearing each other. Under the spell of this fury, we lash out and label one another. We seethe with "righteous" anger. It feels so good and so right that it's hard to stop ourselves, yet the clear result of this anger is not healing, but destruction.

The only way to keep this destructive outrage from spreading is for each of us to become incombustible—to allow another to explode with anger but to not respond in kind. It requires us to be the firebreak, to be gracious to those who react wrongly, accuse, blame, and misrepresent us. We must not feed their fire but instead be patient until it subsides, understanding that behind their anger is simply fear. Something they deeply care about feels threatened. The only way we will stop this fire of indignation from spreading is to look beyond the drama, to see the humanity of the other, and to refuse to be pulled into the angry madness that sends us all on the path to self-destruction.

Fog of Hate

Perhaps the greatest sin is to hate another, to be so offended by the actions of someone that we can no longer see their humanity. What might seem to us like righteous indignation is hatred in disguise. The more I justify my hate, the deeper its roots plunge into my soul, deceiving me and making me its captive.

Hatred spreads like a contagious disease. It is rampant in our society and difficult to keep from contracting. We fail to notice that there are many whose power and position depend on keeping us angry and hateful toward one another. We become too angry to see the bigger picture. We don't even notice how it is destroying our souls and our society. We are like cocks in a fighting ring, unaware of the game being played at our expense.

While it is good and healthy to have varying opinions on life, politics, economics, etc., hatred of another is never healthy. Even where true evil exists, we must see the other's humanity lest we lose our own. Hatred breeds hatred, never healing. It leaves us in a never-ending whirlpool that sucks us downward. It is only by pulling our heads and hearts out of that fog of hate that we can see clearly and soberly to address the evil in our world.

Division

Our enemy is not the other—the other person, the other political party, or even another country. Our real enemy is more difficult to notice; it is our propensity to pair off into opposing teams. As soon as we join a team, we view our team as the "good guy" and the other team as the "bad guy." It narrows our vision, like blinders on a horse, blocking us from seeing alternative viewpoints and limiting our options for responding. It drives us to operate from a reactive, primal instinct that is neither thoughtful nor helpful.

To be healthy and whole, we must refuse to be put into boxes, into towing a party line, or into categorizing others as the enemy. We must choose a third way, a perspective that is not bound by affiliation but by an awareness of the complexity of life and of each individual. We must keep in mind always the wise words of Aleksandr Solzhenitsyn:

> *"The line separating good and evil passes not through (nation) states, nor between classes, nor between political parties either — but right through every human heart — and through all human hearts. This line shifts. Inside us, it oscillates with the years. And even within hearts overwhelmed by evil, one small bridgehead of good is retained."*

It is only through our commitment to see the humanity of each person (Republican or Democrat, Arab or Mexican, Black or White, rich or poor) that we can overcome the dividing spirit of our age.

Turbulence

Over the years, I've frequently mentioned in my writings how much I love to sit beside a gurgling brook or a roaring stream. In fact, as I'm writing this, I'm sitting by myself in a remote mountain valley, just before sunrise, listening to just such a stream.

During the middle of the day these streams are opaque. The reflection of the bright daylight only allows you to see the very surface. You may look at the water and notice that it becomes very turbulent in certain areas, but you are unable to see what might be causing it. When I put on my polarized sunglasses, they remove that glare and I can see below the surface of the water. Every stone and log underneath become visible. It then is clear what is causing the water to jump and roar in these areas. The turbulence always has a source, even though you may not be able to see it.

People are a lot like those streams. There is so much happening beneath the surface that we are unaware of. Occasionally we will discuss a topic and be shocked when the other person explodes in anger or frustration. The temptation is to respond in kind, but if we can stop and realize that there is something painful or fearful happening deep within them, we can respond with compassion. They are revealing a deep part of themselves that we need to treat with tenderness, even if we strongly disagree with them. It usually has little to do with the actual topic of discussion but rather some fear related to it. At this point, surface-level discussion of the topic is not helpful, because the cause of the disturbance is something much deeper. If we can recognize what is happening and help them identify the deep fear within, we become agents of healing. Healing doesn't begin until the source is visible. It is there in those hidden areas that real change in our world takes place.

The Hard Path

There are few certainties in life, but one thing we can be sure of is that at some point we will have strong disagreements with others, even those closest to us. After years of sharing a similar perspective on life you awaken one day to see that you are on different sides of an issue, perhaps multiple issues. The shock and disorientation inevitably lead you to question the relationship you've had. "How could we possibly be close when we hold such different values?"

It's at this point that tensions flare as one looks at the other through eyes of disbelief. Passion tells us we cannot and should not be in this relationship any longer. Our flight instinct is triggered, and we begin looking for a trail leading out of here. Yet if we stop and listen to that gentle Whisper deep within, which can barely be heard over our screaming emotions, we will notice it calling us to hold on to the other person, despite their seemingly outrageous beliefs.

It feels logical to flee, but as you take a step back from the situation, notice how our world is littered with broken relationships. It's almost an epidemic. Those breaks merely reinforce each person's view and further divide our world, making healing or even meaningful discussion less likely.

The alternative is the hard and rocky path that leads up the mountain. On this path there are no easy answers, only an unshakable commitment to honor the other person and to seek out all that is good in them. Here the healthy way forward is not a denial of the differences but a respectful disagreement along with open, kind, and mutually safe discussion of those differences. This path alone has the potential for healing.

Stones

Have you ever turned over a stone in a meadow? This is something bears like to do in their search for food. They realize that what you see on top is not anything like what you will find underneath. While the top is attractive, perhaps surrounded by flowers and covered with multicolored lichen, the underside is the domain of all sorts of creatures you would never want to find in your house. It is damp, dark, and covered in dirt.

Many of our cultural assumptions are like this. We learned them as children and so never took the time to examine them. Every nation has its own set of cultural values, and like most things they are shiny on one side and not quite so shiny on the other. The pursuit of a life marked by goodness requires that we hold all things up to the light and examine them with honesty and care, acknowledging both the good and the bad that we find.

Take a moment and list out some of the main values and beliefs held by your country. Write them down. Here in the United States, they might be things such as: self-sufficiency, independence, freedom to do your own thing, pride in military might, a sense of special destiny as a nation, etc. Take a minute to write down some of the good that might come from your list of national beliefs and values. Now turn that rock over and look at the other side. How could these same things be a problem? What might be some of the negative implications that might stem from these beliefs and values? Write them down. You might be surprised at how much influence the side hidden from the light has also had on us all. It is only by looking honestly at ourselves and our nation that we can see clearly enough to move in healthier directions. We all have stones to turn over.

Unhealed Wounds

Every winter in this dry Colorado air, I forget at times to properly hydrate or use hand lotion. As a result, my fingertips crack and bleed. It's painful and makes simple tasks such as typing or operating a zipper much more difficult than they ought to be. If I ignore my fingers and go on with life, they always get worse. Simply hoping that the problem will go away only amplifies the problem. I have to stop ignoring the pain and pay close attention to my wounds. I must recognize that it was my lack of care that allowed it to happen. Then I must begin the slow and focused process needed to bring hydration and healing to them.

Here in America we have tended to be a nation with our eyes on the future and a great reluctance to look behind us. We prefer to focus on our potential and tend to ignore and even hide our flaws and failures. Yet again and again the wounds of our history are painfully felt. We continue to ignore them and simply hope they will go away. We say, "What's in the past is in the past." But like that cracked finger, things will never get better with this approach.

The hope of our nation resides in us being able to look deeply, honestly, and publicly at the ugly parts of our past, to bring our open wounds out into the light, and to honestly acknowledge the wrongs that we as a country have committed. Only then can we begin the long process of righting these wrongs and healing these wounds. Until we all get comfortable admitting the evils of the past, we will continue to live with unhealed wounds that desperately need our attention, wounds that keep us from becoming the nation we aspire to be.

Tears

As I hike this well-worn trail, my mind travels back in time, imagining all who walked this trail before me. For over ten thousand years it has been used to cross the great mountains that divide America. This trail began in the Great Plains that were once filled with buffalo up into lush mountain meadows, through deep forests and then out into the open alpine world where trees cannot grow. From there the trail led down to the vast meadows of North Park and Middle Park, which were filled with wildlife.

For thousands of years, large families would travel this trail each summer, camping, hunting, and gathering supplies at the very same places their grandparents and their grandparents' grandparents did. This area and way of life was an integral part of who they were, their very identity. Yet in the 1880s, European settlers to this area rounded them up and delivered them to a dry and barren piece of land in southern Utah. The land they knew was taken, their way of life extinguished, their identity stripped, and their humanity denied. The barbaric crimes committed against these people and against native peoples across America by settlers and the US government both in the past and even in more recent times is hard to listen to or even comprehend.

There are no easy ways to undo the wrongs that have been done. There are no quick fixes, no government programs, no kind words that will set things right. But shrugging our shoulders and moving on is the last thing we should do. We need to learn to sit in the pain and lament with those who are grieving. We need to ask them to tell their stories, and we must begin to see life through their eyes. By truly listening, understanding, and weeping together, we will discover the long and winding path that heads in the direction of healing—a path that we must walk together.

Celebration of Color

Can you imagine what it would be like if our world were just one color? We would miss out on so much wonder and beauty. We probably wouldn't even know what we were missing. As adults, we know that red is not better than green, nor yellow better than blue. It is the combination of colors that makes our world such a rich and beautiful place.

Strangely, our tendency is to create a world around us that is monochromatic, a world in which everyone shares the same culture, values, politics, skin tones, etc. Yet if we pursue such a world, we rob ourselves and each other. If we are to pursue the way of goodness, you and I must do all we can to move from a one-color society to one that actively celebrates and warmly embraces all of humanity. Only then will we know the beauty that we've been missing.

Through Another's Eyes

"The wind blows so hard," says the pasque flower. "I can barely hold on to my petals. Each gust feels like it may be my last." The ponderosa pine that towers above her says, "Why do you complain so much? It's only a gentle breeze. I barely even feel it. Why don't you just enjoy this wind. It's actually quite refreshing."

We all have this tendency to judge another's experience by our own. We assume that we see reality as it is. Because of our certainty, few of us ever make the effort to enter another's story to see what they see and feel what they feel. Though we view from a distance, we remain convinced that the other's perspective is blown out of all proportion and that they are making a bigger deal of things than is warranted. This way that we judge others is humanity's default mode, but such an attitude keeps us isolated from each other, guaranteeing that nothing ever changes. We are certain that the problems have nothing to do with us, yet surprisingly the solution may be in our hands. It requires us to be humble and enter into another's world. Perhaps if we can see what they see and truly understand what the other experiences, we will have some chance of making the necessary changes to bringing healing into our communities and into our world.

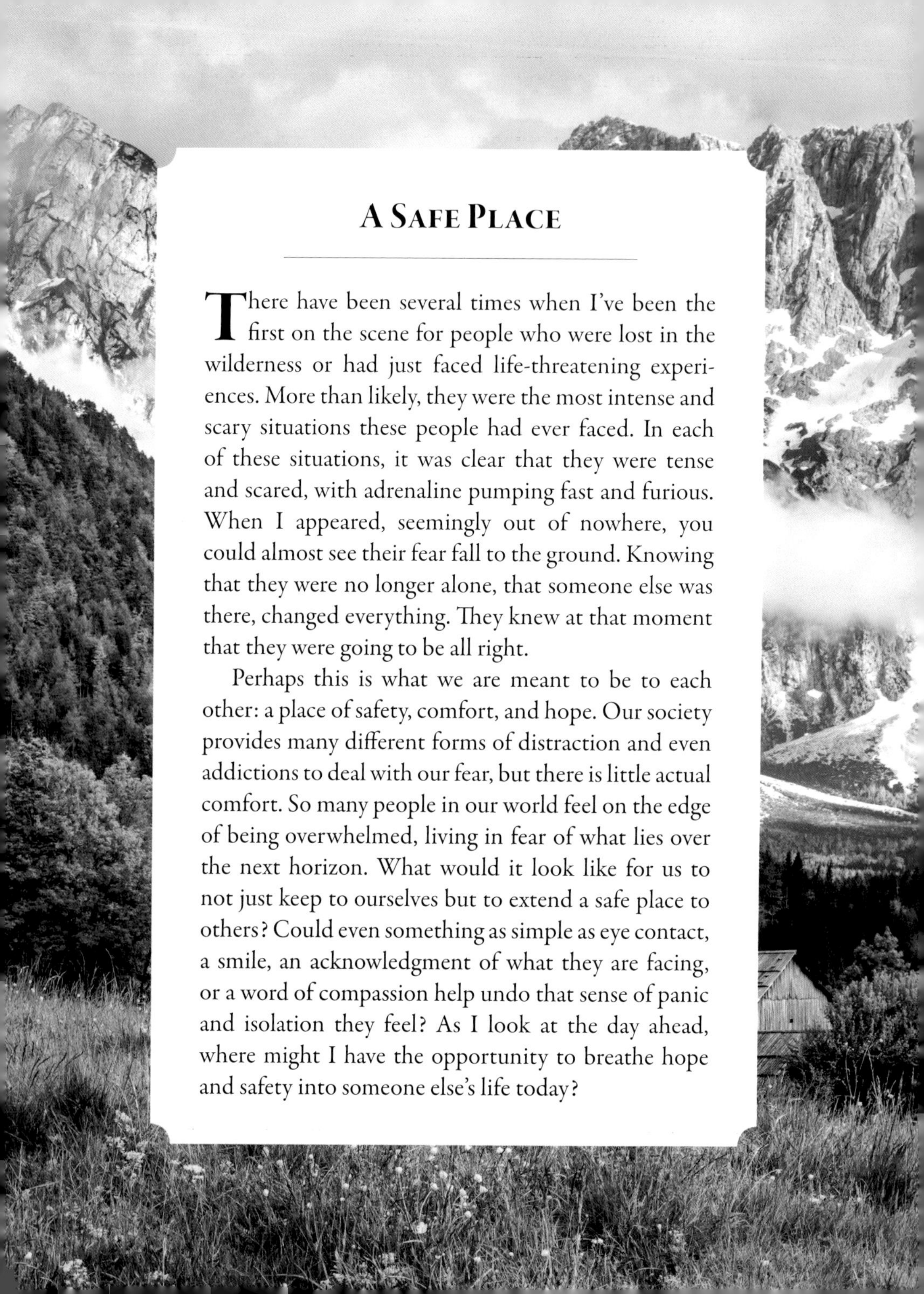

A Safe Place

There have been several times when I've been the first on the scene for people who were lost in the wilderness or had just faced life-threatening experiences. More than likely, they were the most intense and scary situations these people had ever faced. In each of these situations, it was clear that they were tense and scared, with adrenaline pumping fast and furious. When I appeared, seemingly out of nowhere, you could almost see their fear fall to the ground. Knowing that they were no longer alone, that someone else was there, changed everything. They knew at that moment that they were going to be all right.

Perhaps this is what we are meant to be to each other: a place of safety, comfort, and hope. Our society provides many different forms of distraction and even addictions to deal with our fear, but there is little actual comfort. So many people in our world feel on the edge of being overwhelmed, living in fear of what lies over the next horizon. What would it look like for us to not just keep to ourselves but to extend a safe place to others? Could even something as simple as eye contact, a smile, an acknowledgment of what they are facing, or a word of compassion help undo that sense of panic and isolation they feel? As I look at the day ahead, where might I have the opportunity to breathe hope and safety into someone else's life today?

Interconnected

One of the things I find most fascinating about trees is the way they communicate. Scientists have discovered that beneath the soil are complex webs of mycorrhizal fungi that connect tree roots to one another. Some scientists refer to this as the Wood Wide Web, as there is so much information passed back and forth between trees via these fungi.

Trees not only pass information to one another but also nutrients via this web, and not only among their own kind but also with others. Ponderosa pine share with aspen, aspen with Douglas fir, spruce with limber pine, etc. Weak or ill trees are often nourished by their community, dying trees will give away their nutrients to others, and warnings about predators such as invasive insects will be communicated widely throughout a forest, giving others time to prepare their defenses. Though we tend to think of trees as individuals, healthy forests function as a community.

In this era of humanity, we seem to have lost much of our sense of community as we focus on *my* happiness, *my* family, *my* group, *my* people, *my* rights. We tend to draw these very defined borders around ourselves and never question whether this is either good or healthy. If we stand back and look, we will realize that this narrow perspective is at the very root of many of our societal problems. We must remember that we are as interconnected as the forest. In order to regain our societal health, we must change our thinking from *me* to *us*.

Community Health

Have you ever seen a forest that has been hit by disease? It quickly spreads from one tree to the next until the whole forest is devastated. It's a sad sight to see, especially if you knew that forest when it was healthy. Our communities are much like forests, and there are many different diseases that can affect them. Fortunately, we can be on guard for many of the most common diseases and catch them before they become widespread. To do this, we need to be actively on the lookout for certain warning signs. Here are three of the most common signs of unhealth:

- When the dominant perspective of the group becomes the only acceptable viewpoint. Such communities soon become places that stifle the opportunity for open discussion, especially on certain topics.
- When an "us versus them" mentality begins to arise or when people are encouraged to keep their distance from those outside the group.
- When groups begin to define themselves by what they are against rather than what they are *for*.

Each of these issues are an initial sign of a deeper illness that will eventually leave destruction in its wake. These can develop in political parties, religious institutions, social clubs, Internet forums, or anywhere that people gather in person or online. The answer is not to avoid participating in communities but rather to stay alert and to encourage the entire community to be on watch for the potential signs of unhealth. Simply being awake and aware can help ensure that our communities stay healthy and play a positive role in our society.

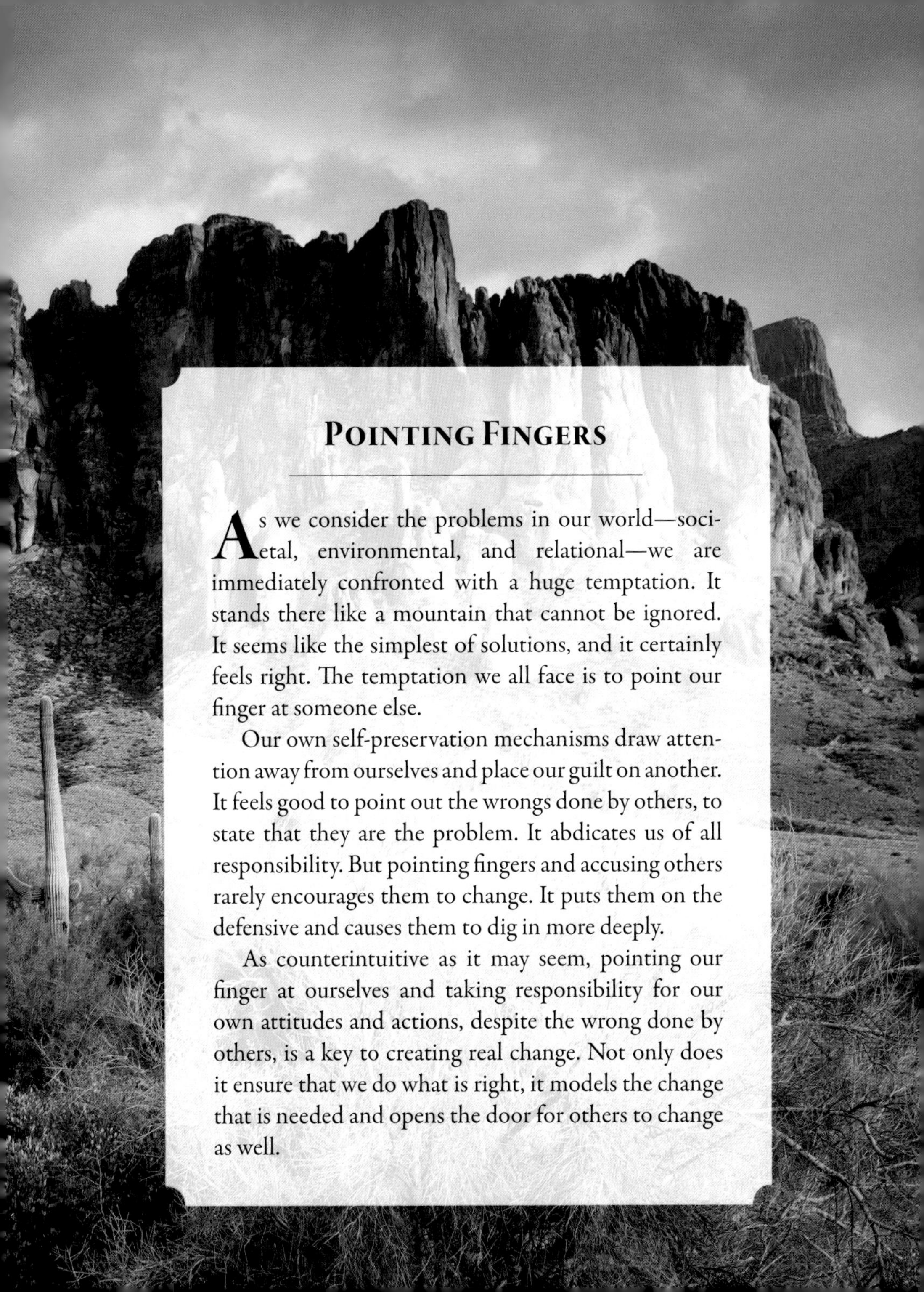

Pointing Fingers

As we consider the problems in our world—societal, environmental, and relational—we are immediately confronted with a huge temptation. It stands there like a mountain that cannot be ignored. It seems like the simplest of solutions, and it certainly feels right. The temptation we all face is to point our finger at someone else.

Our own self-preservation mechanisms draw attention away from ourselves and place our guilt on another. It feels good to point out the wrongs done by others, to state that they are the problem. It abdicates us of all responsibility. But pointing fingers and accusing others rarely encourages them to change. It puts them on the defensive and causes them to dig in more deeply.

As counterintuitive as it may seem, pointing our finger at ourselves and taking responsibility for our own attitudes and actions, despite the wrong done by others, is a key to creating real change. Not only does it ensure that we do what is right, it models the change that is needed and opens the door for others to change as well.

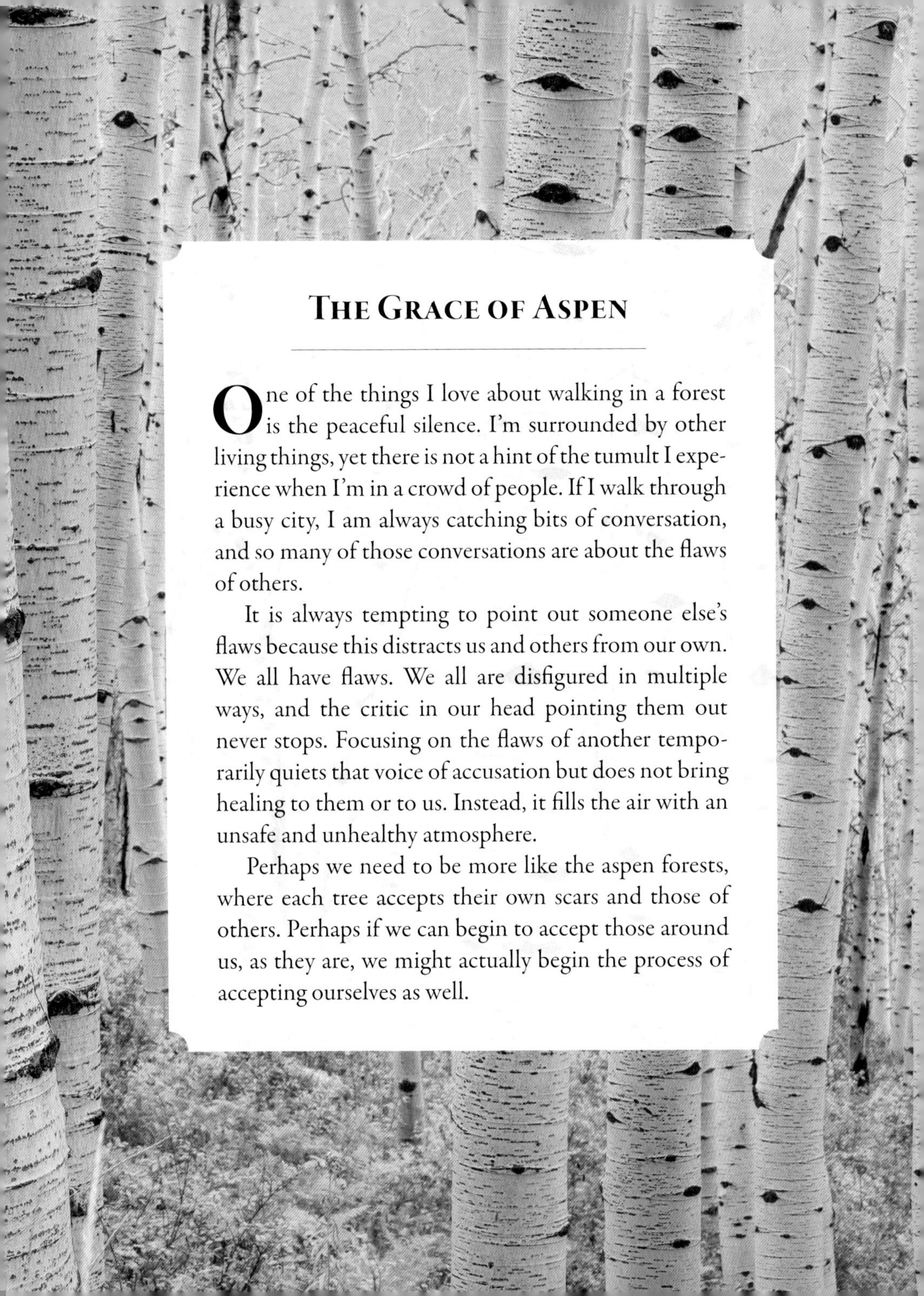

The Grace of Aspen

One of the things I love about walking in a forest is the peaceful silence. I'm surrounded by other living things, yet there is not a hint of the tumult I experience when I'm in a crowd of people. If I walk through a busy city, I am always catching bits of conversation, and so many of those conversations are about the flaws of others.

It is always tempting to point out someone else's flaws because this distracts us and others from our own. We all have flaws. We all are disfigured in multiple ways, and the critic in our head pointing them out never stops. Focusing on the flaws of another temporarily quiets that voice of accusation but does not bring healing to them or to us. Instead, it fills the air with an unsafe and unhealthy atmosphere.

Perhaps we need to be more like the aspen forests, where each tree accepts their own scars and those of others. Perhaps if we can begin to accept those around us, as they are, we might actually begin the process of accepting ourselves as well.

Many Ways

On a sunny morning in a remote mountain meadow, two lone trees bask in the day's first light. A young aspen with bright green leaves that have recently unfurled turns to his neighbor, an old Douglas fir. "Ah, I see that you do not believe in contributing to this world, providing fresh air to all its inhabitants."

"Excuse me?" said the Douglas fir. "Whatever gave you that idea?"

"Well, it is clear that you are not putting out leaves as I do. You are the same as you were last month, never changing your ways, even for the good of others."

"Could there not be other ways to bring fresh air into the world, ways that you may not have considered? While I may not have leaves like yours, my funny-looking leaves fill the air with oxygen—more than any lone aspen can produce—and while you sleep the winter away, I continue to create and share it widely. My young friend, it is easy to judge the approach of another as being insufficient or even uncaring when it doesn't resemble your way. Wisdom is recognizing that there are many ways to bring goodness into our world."

The way ahead requires us to release our grip on certainty and to open to new ways of viewing ourselves, each other, and the world around us.

Pragmatism

I once lived in the world of pragmatism. I judged things merely by their apparent effectiveness rather than by their goodness. Without realizing it, I sold my soul to efficiency and cold calculation. I took the practical path, which blinded me to other possibilities. I joined the predominant perspective that permeates my culture and views the world in black and white.

An eye for an eye, a tooth for a tooth, intimidate your enemy, kill lest you be killed, honor the powerful, praise the practical, protect your own, pursue power, dominate, conquer, stay on top … all for good ends, of course. This is the way of the pragmatist. It leads to the death of the soul, the death of imagination, and the death of alternatives. It seems to make sense, but our hearts say otherwise.

There is always another way, a way that honors what we most deeply know to be right and good. Yet to pursue it will bring us into the crossfire of others. We will be called naïve, ignorant, foolish, and much more. Yet the truly brave will listen to the Whisper within and will abandon the blinders of pragmatism for the lenses of nuance and possibility.

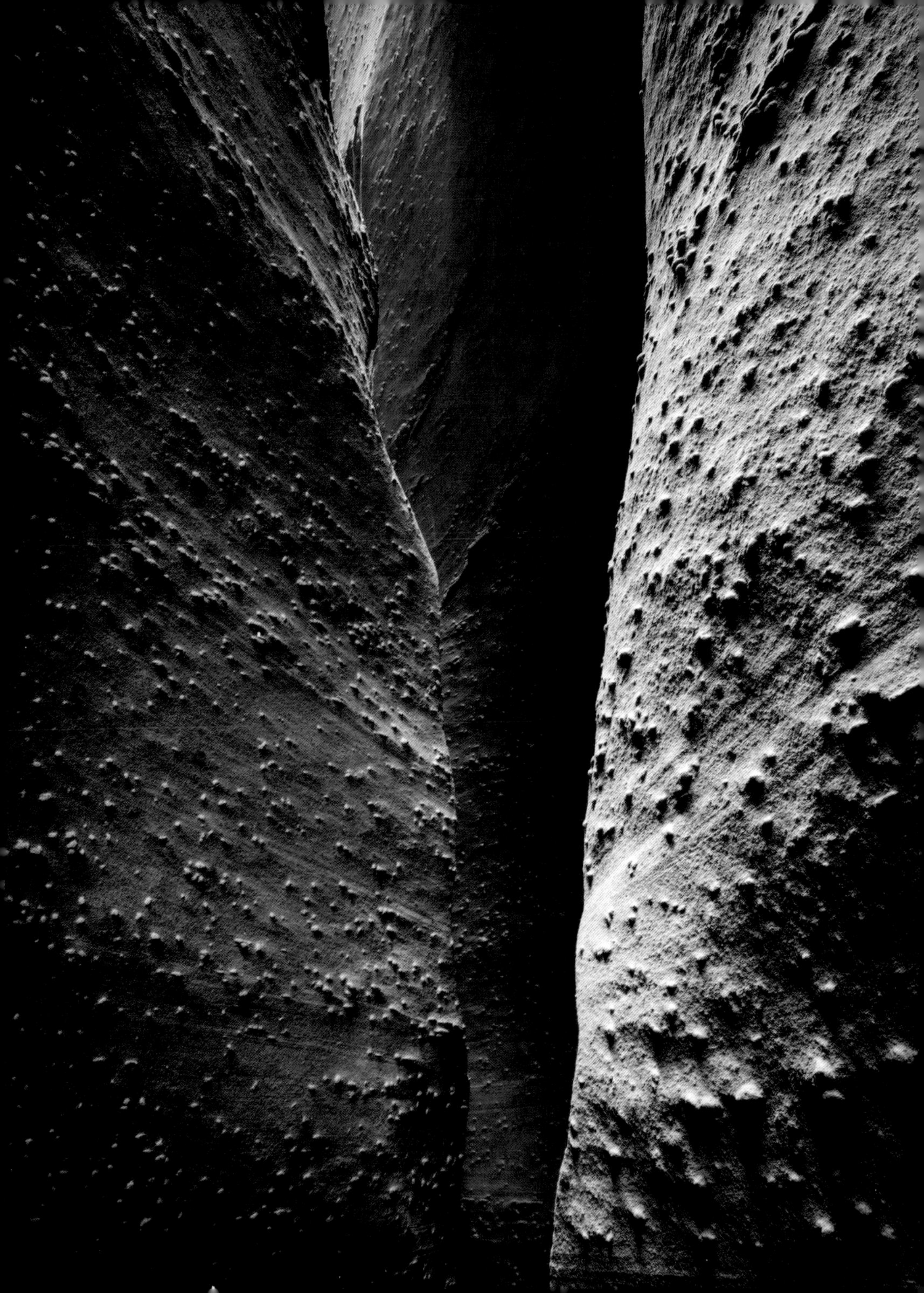

Never Forget

As my plane descends to the Munich airport and passes near the town of Dachau, the site of a World War II Nazi concentration camp, the words *never forget* flash in my mind. The way these words are used in Germany and the way they are used in America are radically different. We use the phrase in America to say that we will never forget the wrongs done to us, but in Germany it is to say they will never forget the wrongs they have done to others. One is a memory that perpetuates anger and hate, possibly even vengeance, while the other is a memory that leads toward humility and critical self-awareness. Which of these attitudes will lead us to a better future?

Truth and Fear

I used to know it all. I knew what I believed and why. I studied diligently to find support for the positions I held rather than to understand issues fully. I was part of a group, a community that held particular perspectives, and so I assumed they were correct. I learned the ins and outs and could speak quite eloquently about the positions that we held, but behind it all I was afraid of hearing the other side. Deep down I believed that if my side was proven wrong, it would destroy my world and everything I held dear. I would lose my connection to the group, to friends, to family, to almost all that I knew and loved. Fear kept me from fully pursuing truth.

Now many years later, I see that I didn't need to fear answers outside my carefully protected box. Yes, they took me into scary places and put me through a great deal of discomfort. Many from my community questioned me and assumed that I had abandoned our common ideals, but in truth I was merely following them more fully. In the process, I discovered that an honest pursuit of Truth leads us into the presence of Beauty and Goodness. These three faithful companions (Truth, Beauty, and Goodness) always travel together, yet they spill outside our boxes and are found in places we might never expect them. At times they almost seem intent on destroying our safe places and opening us up to a world bigger and more beautiful than any box could contain. I now realize that truth is never a threat; rather, it is an invitation to something deeper, more real, and more beautiful than I had imagined was possible.

Step With Caution

Often when I am hiking through the mountains, I need to cross steep slopes of large rocks. It's tempting to simply trust my weight to them, but I've found that this is not always wise. Over the years, I've begun to learn when such rocks are stable and when they might give way, rolling down the mountain and crushing everything in their path. To an untrained eye, it would be hard to tell the difference between a trustworthy rock and an untrustworthy one, but there are subtle clues that I've learned to watch for so that I can return home safely to my family.

In a similar way, it is tempting to simply trust the things we see and hear in the news. But not everything is worthy of our trust. There are constant attempts, both intentional and unintentional, to manipulate us and get us to act in certain ways. If we know what to look for, we can more safely travel through this terrain. Throughout world history, we've seen that there are certain tools of manipulation that are particularly powerful and are used again and again. When we encounter them, it doesn't necessarily mean we are being manipulated, but it should cause us to stop and examine these things more closely.

The most common tool for manipulation is the appeal to one's identity, whether that be national, ethnic, religious, or political. As soon as an issue is seen to be linked with ethnic or national symbols, patriotism, religious language, or an appeal to an idealized history, alarm bells should begin to ring within us, warning us to step carefully. This is the time to use discernment so we can remain true to the way of beauty and goodness.

Beyond the Crowd

Somewhere deep within we have a herding instinct, much like the elk that gather in the meadows of Rocky Mountain National Park. While the community aspect of this is a good thing, it also tends to be one of our greatest weaknesses as a species. We can easily develop a herd mentality that encourages us to follow the crowd. Our tendency is to follow the loudest voice, to jump in line behind those who are most aggressive and powerful. Numerous times in modern history, we've seen how good and rational people fall under the spell of the crowd, rallied by fear, nationalism, and various forms of expected loyalty to a group. It is something we are all susceptible to.

Sometimes to overcome our fear of making the wrong choice, of compromising our beliefs or being deceived, we follow the crowd we know. We assume that they have thought it all out, that they are living in line with their convictions. We abdicate our own wrestling to the politician, priest, or personality we respect.

Until we can see through the veil of rhetoric and narrative, through the fear, through the demonizing of others, we will be subject to the intoxicating influence of the mob. Perhaps the only hope we have is to have a healthy suspicion of the crowd, especially the one that seems to represent us.

Frenzy

We live in a country that loves a good frenzy. We love to get riled up about an issue and to take a stand to show how strongly we support or reject the subject at hand. When the next crisis hits, the current subject is dropped in pursuit of the new one. Most of these issues are important and desperately need to be addressed, but our typical response tends to be very superficial and predictable. We've come to feel like we are making a difference in our world when we change our Facebook avatar, post a strongly worded statement at "the others," share the appropriate post with our friends, make noise for or against various politicians. But these types of actions are like standing beside a river while holding a sign saying, NO MORE FLOODING. The sentiment is nice, but the substance is missing.

If we are to truly bring goodness into our world, we need to do more than make noise and follow the crowd. We need to look deeply and discern what lies at the heart of the problem. Most of the time we will discover that at its core there is some form of fear that is keeping people clinging to unhealthy attitudes and systems.

Instead of trying to address things from the surface level, which has very limited results, we can use our little voices to speak to the heart of things, helping each other explore how fear may be holding us captive. This is rarely done in the spotlight. It requires a wise and gentle approach. You'll never receive an award. There will be no statues in your honor. But if you are serious about change, about bringing greater goodness into our world, then this is where we must labor.

Effective Resistance

When our world gets dark and ugliness rises to the surface, the temptation we face is to turn and attack the evil head on. This approach quickly pulls us into the sticky web of anger and hate. Without realizing it, we take on the very spirit we are trying to combat. Effective resistance does not make evil the focus of its attention but instead points to the goodness we need to pursue. Such resistance refuses to take part in the spirit of hate, presenting instead a beautiful and hopeful alternative.

High Alert

Have you ever watched a deer grazing? At first glance, it is the most peaceful of scenes. We imagine how content it must be spending its days wandering through forest and meadow, searching for the tastiest grass. Yet if we watch more closely, we'll begin to notice its ears turning this way and that as well as regular pauses where the deer stands completely still, not even chewing. Day and night, deer remain in a near-constant state of awareness, keeping watch for predators. Somehow they are wired to handle this, but we humans don't do as well with a continual heightened state of alert. Too much adrenaline has significant consequences for our bodies, and the constant state of alertness is harmful to our internal well-being.

Despite this, many of us live in an almost-constant state of stress. Much of it is self-induced by a desire to stay aware of all that is happening in our world. We fill our free moments with news about the latest scandal, the most recent disaster, or whatever the latest crisis might be. Somewhere in the world, something bad is happening, and you'll find it with the push of a button. Unfortunately, most of this news is something we can do little about, so the weight of it sits on our shoulders, pulling us down, stealing our peace, and robbing us of our joy. This information addiction is intensified by advertisers, politicians, reporters, and social media influencers who know just what terms and issues will trigger us to get our blood boiling or make us afraid. These trigger words and topics create an adrenal rush that keeps us hooked to their addictive information.

If we want to live healthy lives, we must recognize the addictive power of the news. We must differentiate between information we can act on and information that simply acts on us. We must resist attempts to trigger us, to agitate and anger us. We shouldn't hide from the world or ignore its problems, but neither should we attempt to carry all its weight.

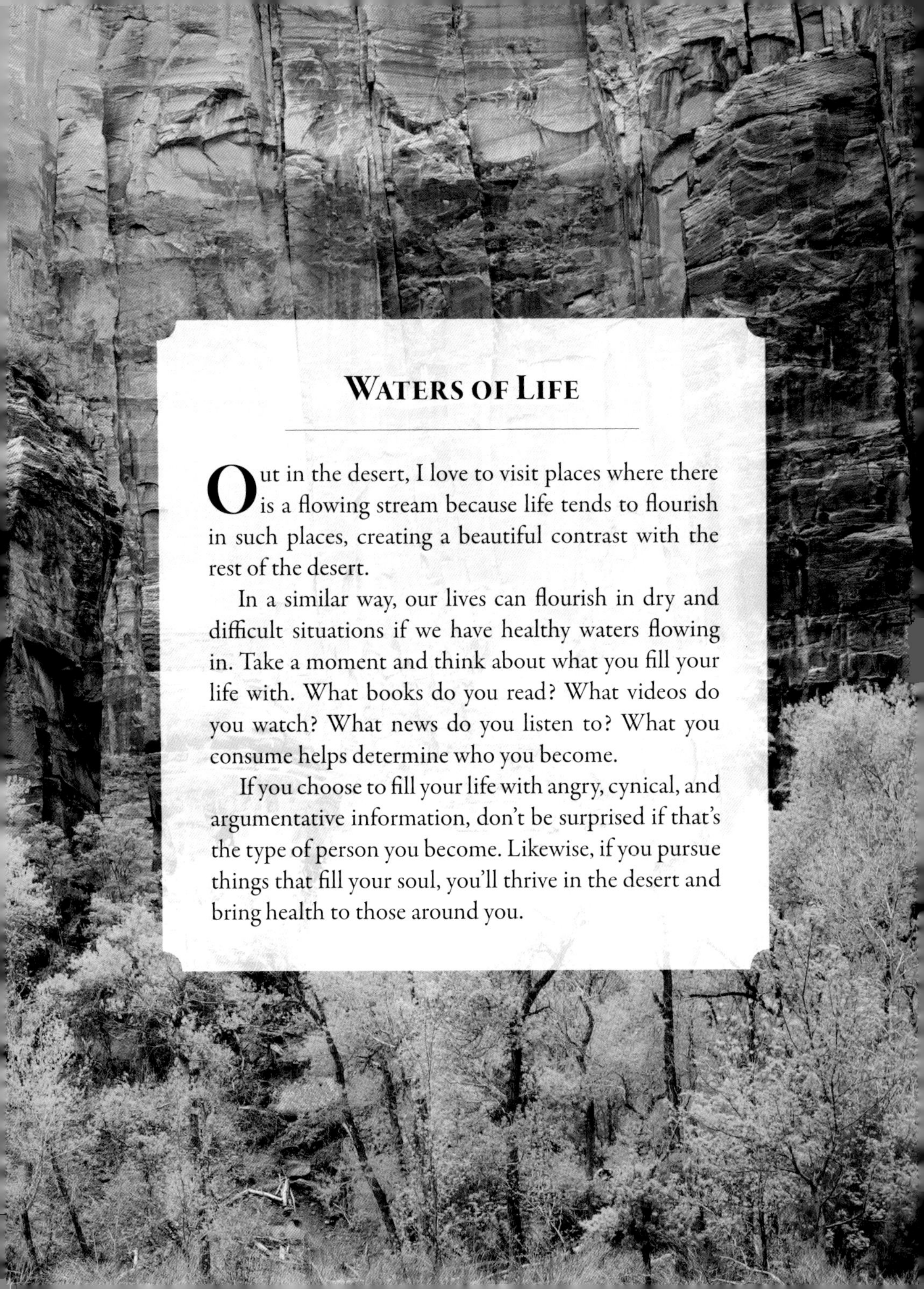

Waters of Life

Out in the desert, I love to visit places where there is a flowing stream because life tends to flourish in such places, creating a beautiful contrast with the rest of the desert.

In a similar way, our lives can flourish in dry and difficult situations if we have healthy waters flowing in. Take a moment and think about what you fill your life with. What books do you read? What videos do you watch? What news do you listen to? What you consume helps determine who you become.

If you choose to fill your life with angry, cynical, and argumentative information, don't be surprised if that's the type of person you become. Likewise, if you pursue things that fill your soul, you'll thrive in the desert and bring health to those around you.

AVOIDING STILLNESS

It is so tempting. When I have a few free minutes, I feel this urge to fill them. It's so easy to do these days. With just a couple of clicks of my finger, I have the latest news, an interesting video, or something else to distract me and fill that time.

What if that unfilled time is what I most need? What if I choose these distractions to avoid being still, to avoid hearing my own internal voice and that quiet Whisper within? What if it is this stillness that I most need to gain balance and live healthily in this chaotic world?

Take a few moments to sit in the stillness. You'll find that it's not as scary as it first appears. Yes, it may be hard to quiet yourself, to let go of the internal noise, but as you do, peace begins to grow, priorities become clear, and strength for the day ahead returns. As uncomfortable as it may seem, lean into the stillness and befriend it, for there are few friends more generous than stillness.

Beyond the Spotlight

Goodness takes its own path. It walks right past the political stadiums, ignoring the cheers and insults. It recognizes that true change in our world does not come from the political field. Goodness doesn't seek to divide but instead to unite all of the disparate parts into a healthy and cohesive whole. It doesn't care about owning an issue or owning anything at all, only in treating all with dignity, humility, and compassion. Its guiding principle is love, not the romantic feeling or some generalized ideal but rather the hard path of always seeking the good of the other, both those we have affinity for and those we don't. Goodness never seeks power over another; it seeks instead to give power to the powerless. It never takes pride in being part of this group, nation, or team rather than that one. Instead, it always sees and celebrates that it is part of a larger whole.

Goodness rarely fits into a neat box or under any well-known label. It thrives in quietness outside the bright spotlight, often in hiddenness and obscurity. Like a seed, it sprouts in the dark soil under the earth and only blooms long after the gardener has left. Our world is desperately longing for goodness, but goodness that isn't tied to some political agenda or team.

Goodness walks its own path, ignoring all the boxes we build to contain it. Will we follow it out beyond our comfort zone, outside the well-drawn borders and into areas we might never have considered before? Unless we are fearless in our pursuit of goodness, we'll miss it altogether.

Meaningful Trickle

I love to spend time up above tree line, where there is still snow in July. At the base of the snowfields, you can hear the gentle *drip, drip* of the melting snow. As the sun beats down, water trickles into a pool at the base of the snowfield, which then runs down the side of the mountain, gathering into tarns and lakes that nourish the soil and sustain the wild creatures that live in the area. It then pours out of those lakes and becomes a running river that provides vital moisture to farms and forests, cities, and eventually seas. What began as something as small as a drop of water has grown to nourish a vast area.

Our little acts of goodness seem so meaningless that it is tempting not to bother at all. We wait for those with "power" to do something. Yet it is our small, unseen acts of compassion, kindness, and faithfulness that our world most needs. Your small acts and my small acts come together in ways we cannot see to preserve and heal our world.

Imagine if each snowflake had the choice to stay frozen at the top of the mountain, believing that it had nothing to contribute. Our rivers and lakes would dry up. Wild creatures, plants, and people would all suffer. Though small, our drop is an important part of a much larger whole and is needed by our world more than we realize.

Small Things

We all face the temptation to think that our lives and actions don't matter, that the things of real importance happen in Washington DC, Beijing, Moscow, Brussels, or London. It certainly feels like that is what's true. But policies and decrees are only part of what determines the course of our world.

During the latter half of 2019, a new virus crossed over into the human population for the first time. This microscopic package of RNA was able to bring human society to its knees, infecting vast numbers of the world popuation and killing over two million. It shut down countries and economies around the globe. No one could deny the power held by this microscopic force.

The power of the small and seemingly insignificant can be clearly seen in the simple sacrificial life of a tiny Albanian woman who moved to Calcutta, India. She quietly gave herself to care for the ill, the overlooked, and the despised. Nothing could be further from the spotlight, yet Mother Teresa's life challenged world leaders and the world itself. Without seeking to do so, she gave us a picture of true beauty.

In a similar way Rosa Parks, a seamstress at a local department store, made the choice to not give up her bus seat to a white person. Her action ignited a major year-long protest in Montgomery, Alabama, which helped start the Civil Rights Movement, bringing greater freedom and equality to many Americans.

The more you look, the more examples you will find revealing that small and seemingly insignificant things often have the biggest impact. I urge you not to despise the small things that you can do. None of us will ever know the full impact of our actions. Our responsibility is simply to do the good that is set before us.

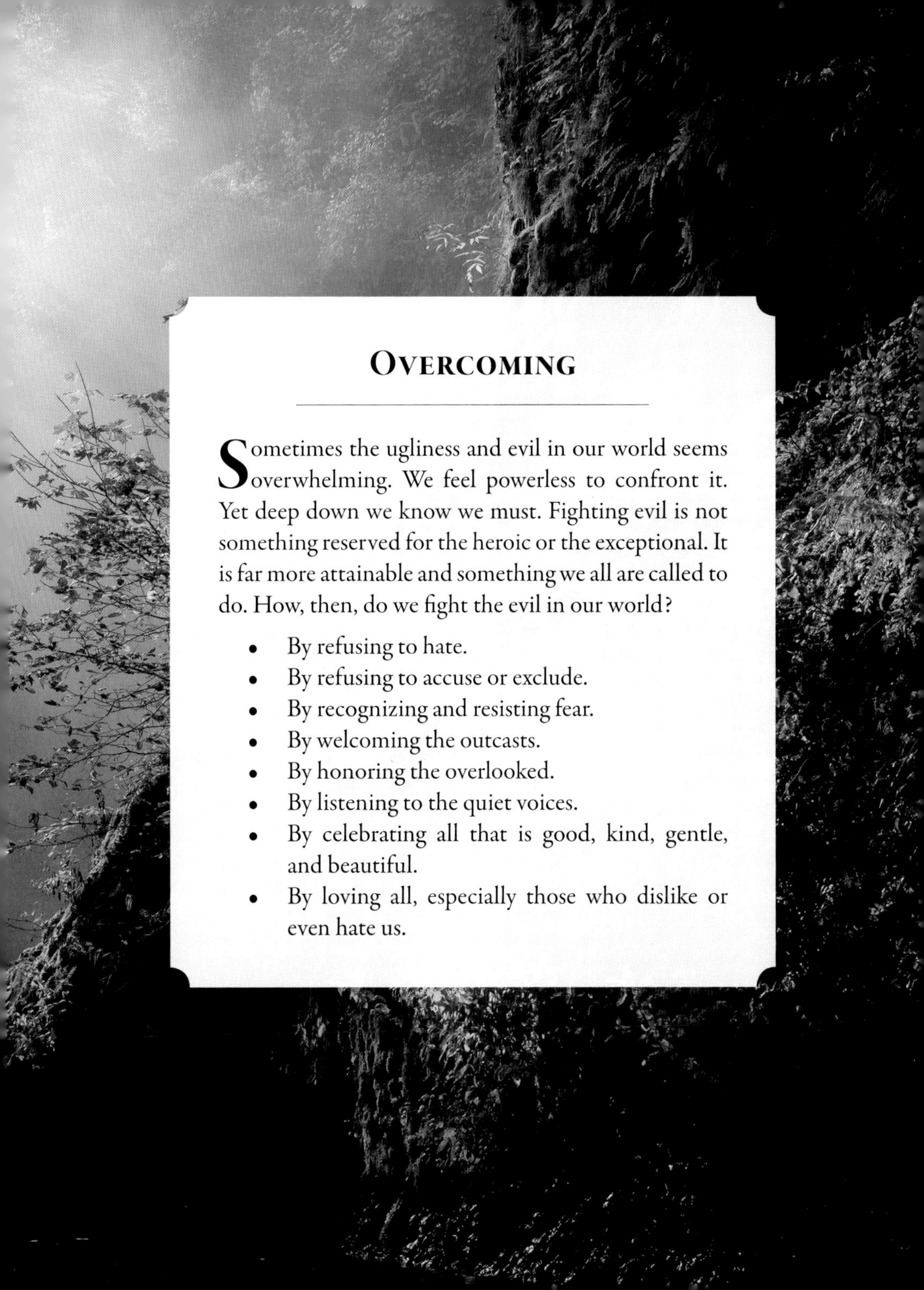

Overcoming

Sometimes the ugliness and evil in our world seems overwhelming. We feel powerless to confront it. Yet deep down we know we must. Fighting evil is not something reserved for the heroic or the exceptional. It is far more attainable and something we all are called to do. How, then, do we fight the evil in our world?

- By refusing to hate.
- By refusing to accuse or exclude.
- By recognizing and resisting fear.
- By welcoming the outcasts.
- By honoring the overlooked.
- By listening to the quiet voices.
- By celebrating all that is good, kind, gentle, and beautiful.
- By loving all, especially those who dislike or even hate us.

We won't find our place within this
world until we deeply love it.

Creating Space

We look at our society and see its illness. We see the hate and polarization and feel paralyzed, unsure of what we can do. Our news announces all that is wrong. The social networks are filled with blame and argument. There is such chaos and a cacophony of noise that no one can be heard. People pair off into warring sides, and those who refuse to take sides are targeted. Within the chaos, it is hard to see and hard to breathe. It can feel overwhelming.

Come away! Exchange the news stream for a real stream. Breathe in the fresh air, listen to the deep stillness, allow your soul to heal. Only then will you see clearly. Only with time and space will you know how to respond.

Wild Lessons

Yesterday as I skied through the forest during a snowstorm, I marveled at the deep stillness and silence. The only sound was the gentle landing of intricate flakes on my jacket. These tiny crystals, each unique but so small and seemingly insignificant, somehow transformed the world with each passing hour.

I am often surprised at the incredible contrast between life in the forest and life in human society. We as people live in an artificial world of incessant noise and activity, where we rush from place to place and meeting to meeting. In between, we are pummeled by news of one crisis after another. It is a stressful and deeply unhealthy place that we've created for ourselves. It is a place where the best of humanity is rarely seen.

Yet here in the wild on a snowy afternoon, I am reminded that there is a different way to live, that life not only survives but thrives at a slower, more contemplative pace. This is true not only for the trees, bees, and wild creatures but for us as well. It is possible to live quietly, peacefully, and deeply in touch with our own inner world and in turn with the world around us. To live in this way doesn't require us to leave human society—though from time to time it can help us recalibrate—rather, to bring the lessons of the wild into our lives.

We need to embrace the patience of the pine, the stillness of an alpine lake on a summer morning, the gentle approach of the falling snow when bringing change, the contentment of an aspen grove, and the curiosity of a gray jay. We need to make a change if we are to regain health and wholeness. Our wild world presents us with a better way. It's not perfect, but it has lessons that can help us to recover and live again.

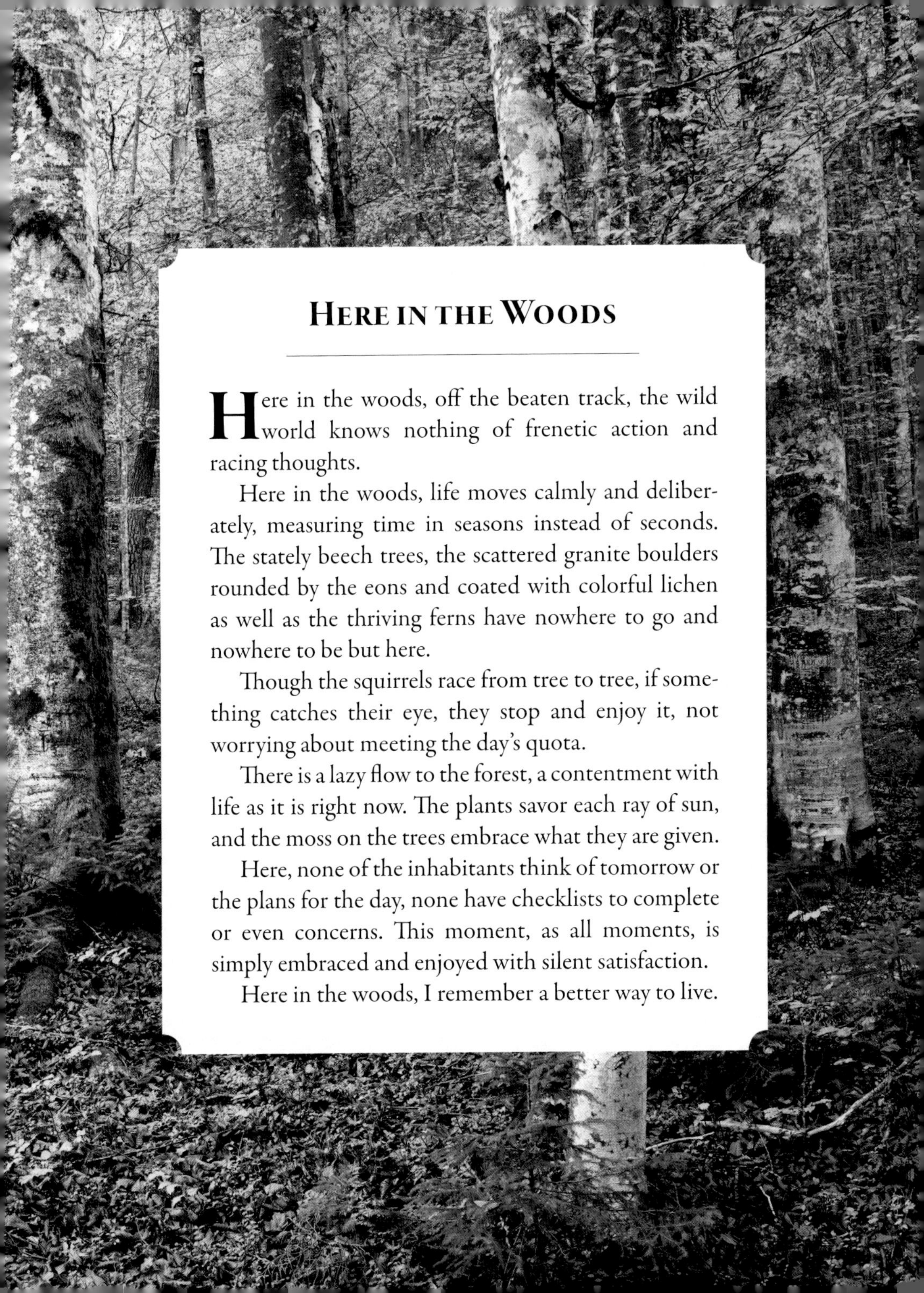

Here in the Woods

Here in the woods, off the beaten track, the wild world knows nothing of frenetic action and racing thoughts.

Here in the woods, life moves calmly and deliberately, measuring time in seasons instead of seconds. The stately beech trees, the scattered granite boulders rounded by the eons and coated with colorful lichen as well as the thriving ferns have nowhere to go and nowhere to be but here.

Though the squirrels race from tree to tree, if something catches their eye, they stop and enjoy it, not worrying about meeting the day's quota.

There is a lazy flow to the forest, a contentment with life as it is right now. The plants savor each ray of sun, and the moss on the trees embrace what they are given.

Here, none of the inhabitants think of tomorrow or the plans for the day, none have checklists to complete or even concerns. This moment, as all moments, is simply embraced and enjoyed with silent satisfaction.

Here in the woods, I remember a better way to live.

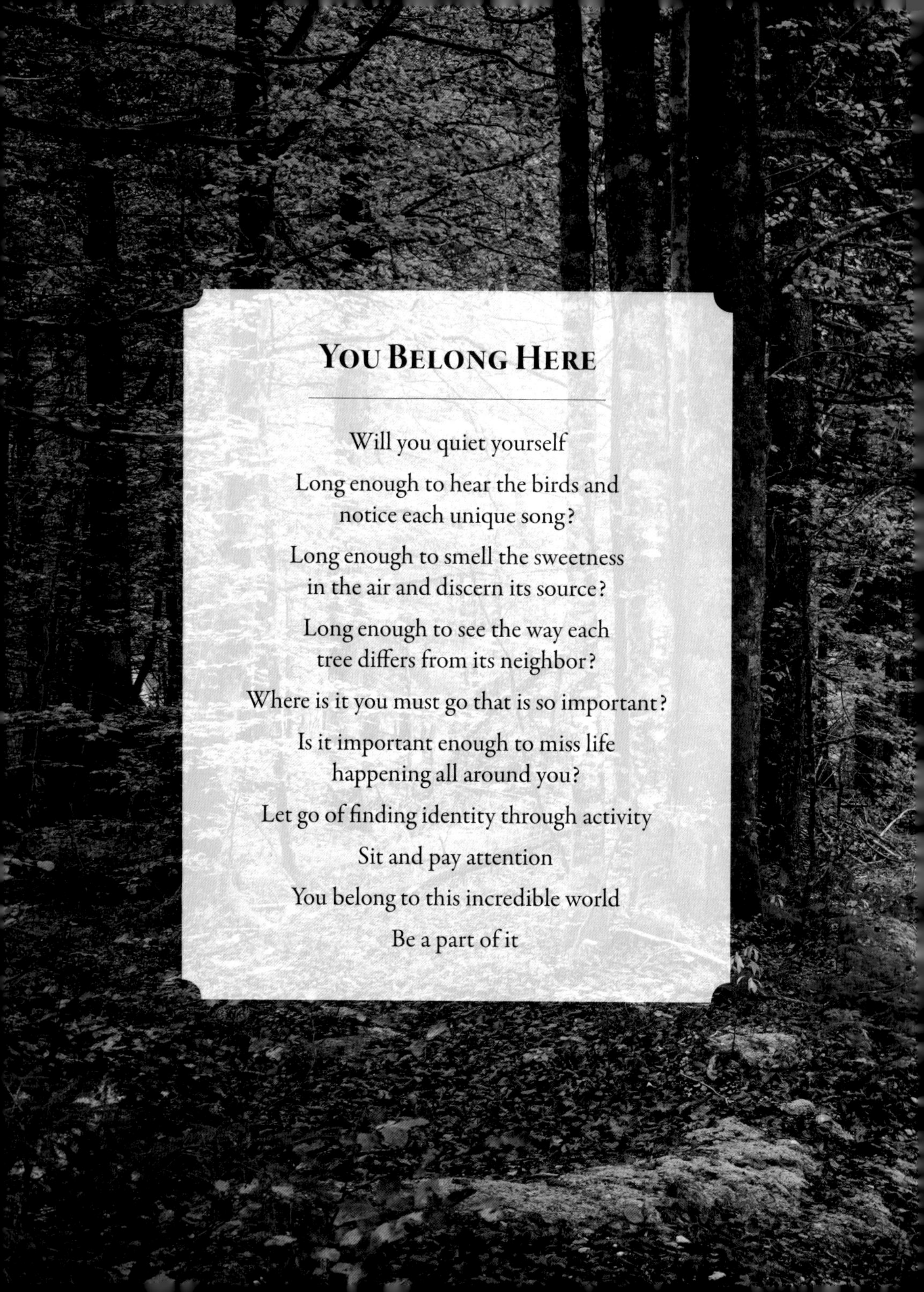

You Belong Here

Will you quiet yourself

Long enough to hear the birds and
notice each unique song?

Long enough to smell the sweetness
in the air and discern its source?

Long enough to see the way each
tree differs from its neighbor?

Where is it you must go that is so important?

Is it important enough to miss life
happening all around you?

Let go of finding identity through activity

Sit and pay attention

You belong to this incredible world

Be a part of it

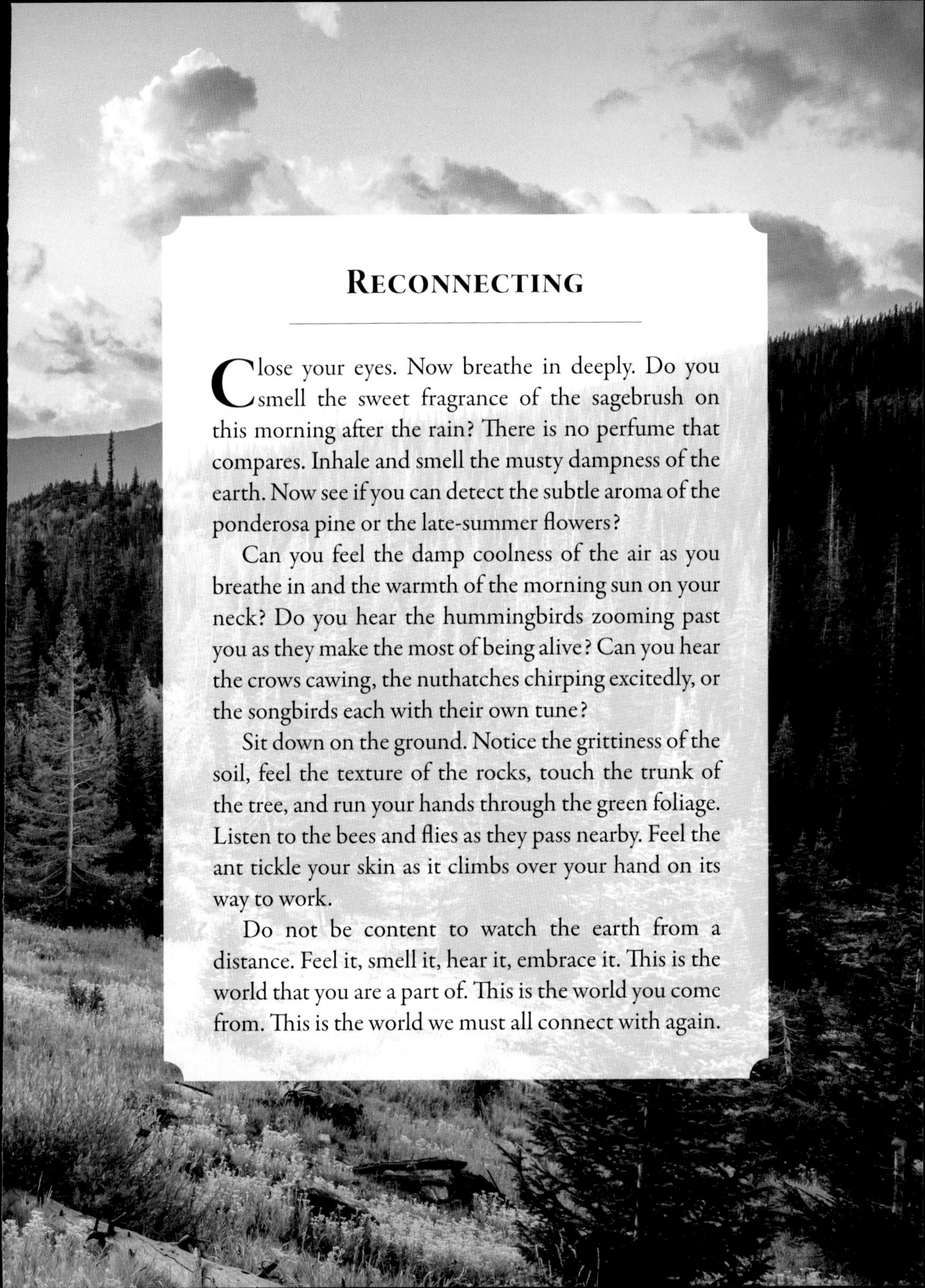

Reconnecting

Close your eyes. Now breathe in deeply. Do you smell the sweet fragrance of the sagebrush on this morning after the rain? There is no perfume that compares. Inhale and smell the musty dampness of the earth. Now see if you can detect the subtle aroma of the ponderosa pine or the late-summer flowers?

Can you feel the damp coolness of the air as you breathe in and the warmth of the morning sun on your neck? Do you hear the hummingbirds zooming past you as they make the most of being alive? Can you hear the crows cawing, the nuthatches chirping excitedly, or the songbirds each with their own tune?

Sit down on the ground. Notice the grittiness of the soil, feel the texture of the rocks, touch the trunk of the tree, and run your hands through the green foliage. Listen to the bees and flies as they pass nearby. Feel the ant tickle your skin as it climbs over your hand on its way to work.

Do not be content to watch the earth from a distance. Feel it, smell it, hear it, embrace it. This is the world that you are a part of. This is the world you come from. This is the world we must all connect with again.

Air

Nitrogen, oxygen, argon, and other gasses secretly embrace us. Such perfect cooperation between them cannot be found within twenty-five billion miles, if anywhere at all. Here on this lone planet, grasses and algae, trees and plankton, flowers and vegetables exhale so that we may inhale. And as we exhale in thanks, they inhale and keep the process going. The patient force of gravity holds it all together lest it drift away to the stars. What a complicated yet beautiful dance we are privileged to be a part of!

Each moment of my life depends on this dance, and no beat is ever missed. As I awaken following a rainstorm, I find myself breathing more deeply. The air is moist and fragrant. As I walk through the forest on a sunny spring morning, the drying needles of the ponderosa infuse the air and awaken my senses. When I hike in the summer through the alpine tundra past mountain flowers like phlox, forget-me-nots, and alpine sunflowers, my heart nearly stops with delight at the sweetness of the air. Each breath is like dessert. I long to bottle it and have it always with me; instead, I must content myself with the moment. In the autumn, the drying aspen leaves give off their own sweet scent that fills my heart with memories of years past. Then as winter arrives, the fragrances are gone and the air is dry and bites, yet its freshness makes me feel alive and awake.

All this while I still fail to recognize the miracle that surrounds me, the goodness that embraces me. Here on this small planet, something special is happening. The song of life is being sung and a great dance is taking place. My life, all life here, is a miracle! So, let me join the song with joy and open my heart to this goodness. Let me live out of that place of wonder, giving thanks to the Love that lies at the center of it all, and caring for this world as the precious jewel that it is.

Bend Low

Walk gently upon the earth
Notice the unnoticed
Hear her gentle voice
Speaking through the trees above
The earth is alive
Don't trample it
Don't overlook it
Bend low and pay attention
Notice how life abounds
Hidden just beneath our gaze
Like it or not, we are its caretakers
Will we awaken?
Will we accept our role?
Will we care for this delicate home?

What Is Valuable?

We live in a consumer culture. Human society depends on us buying and selling things. We are accustomed to placing a value on nearly everything, and that value is based on the law of supply and demand. We forget that the most important things in life—friendship, love, joy, hope, family—don't have a price tag. Yet even these are often valued because of what we receive from them.

We tend to approach the natural world in the same way. We assume that its value is based on what we can pull out of it and use. We consider how much timber is there, what quantities of minerals lie beneath the surface, and what its potential for farming might be. We think about what animals we can hunt or what recreation the land provides for us.

Now imagine if we were to evaluate whether a person lives or dies based on the benefit they provide us? We would all agree that it would be immoral. The same is true of the natural world. It has intrinsic value. Its value does not come from what humans can take from it or do with it.

In this vast universe, we have yet to find another planet with any form of life. The trees, birds, grass, flowers, and lichen that are found on Earth are all incredibly rare and precious. The ecosystems that sustain them are things of wonder. We need to recalibrate our mindset and realize that we humans are not the sole inhabitants of this planet. Somehow, we need to live in such a way that honors, respects, and celebrates all life on this earth. We must shift our perspective from that of consumers to caretakers. What would that change look like in your life?

Wind in the Trees

One of the things I love to do is to find a ledge above a forested valley where I can sit in the silence. For the first few seconds, I hear nothing as my ears adjust to the stillness. Then I slowly begin to recognize a dull roar. The source of it cannot be found with any specificity. It seems to permeate the entire forest. As I continue to listen, I begin to recognize that the sound grows in volume and then recedes with certain regularity. If I close my eyes, I might start to think that I'm listening to the roar of the ocean, its waves incessantly crashing against the shore. The forest shares much in common with the ocean. It is vast, full of life, and essential for the well-being of our planet.

As I listen to the wind playing each pine needle and leaf by the thousands, its gentle roar sometimes sounds like a myriad of voices, as if the forest is trying to speak. Imagine if it could speak. What would it say to us? Would we perhaps hear its invitation to awaken and remember our role as wise and loving stewards of this delicate and precious world?

Two Hands

The world in which we live is so beautiful and incredible in almost every way. Every year, millions of Americans head out to the national parks, forests, and wilderness areas to experience the quiet trails, to watch the mountains glow with the setting sun, to see wildlife caring for their young, and to witness life returning following a fire or flood. We come away with such a sense of well-being and a feeling of connection with the things that are truly important in life. Our internal compass is reset and there's a spring in our step again.

As much as we love and appreciate the natural world, we have a tendency to forget about it as soon as we leave it. We see the natural world as this separate place protected and isolated from the rest of our world, not realizing that our human society is built on the natural world and that we are a part of it.

These two seemingly different worlds are deeply intertwined. We forget that the choices we make each day have an impact on our air, our water, and all living things. Too often our daily choices are based only on our own convenience without even a thought for the way those choices might damage the world we say we cherish. On the one hand we believe that we really love nature, while with the other hand we daily contribute to its destruction. When will we recognize the incongruity and take steps to integrate our love of nature into our everyday actions?

Walk Quietly

Listen ... can you hear it? The autumn grasses rustle as they gently sway in the breeze. *Shh!* Do you hear that gentle whooshing sound? Can you hear it increase in volume and then decrease only to increase again, advancing and retreating like the waves of the sea? You are hearing the sound of the wind moving through the forest. As you slow down and tune your ear, the world will come alive.

What do you hear? Yes, you are right. Those are a dozen of species of birds all busy in conversation: the mourning dove, the raven, the broad-tailed hummingbird, the mountain chickadee, and so many others. Each of these is in dialogue about the things that matter to them. Listen again and you will hear the golden-mantled ground squirrels calling out to one another as a red-tailed hawk flies overhead. Insects are busy chirping as they seek a mate. And can you hear *that*? A nearby stream is singing as it dances over its rocky bed. Look over there! Watch how that mule deer bends its ears this way and that as it listens for possible predators, ready to flee at the first crack of a twig.

Then, far in the distance, you become aware of a growing roar ever increasing in volume, like thunder that never takes a breath. The natural world is drowned out as it eclipses the sound of the wind, the chirping of birds, and the gurgling of creeks. The animals on guard for predators are left vulnerable, conversations between creatures is stopped, the forest is at the mercy of this roar that extends for miles, reaching through thick forests and vibrating off distant mountain walls. There is almost no escape from it. Nature is held hostage by our noise-making machines.

Let all who claim to love our world walk quietly. Let them slow down to nature's pace and listen. Here, in the natural wild, humanity should never be the center of attention. Here we are visitors with much to learn. Here, if we are quiet and listen, we'll find another way to live and possibly even the healing of our souls.

Crisis at Sea

When I was a teenager, I had the chance to visit the Amazon Basin and take a several-day boat trip up one of its tributaries. I remember being shocked to see the captain throwing the boat's trash into the water. He assured me that the river was so big that it would have no impact. As humans, we've long held the attitude that little things don't matter in a big world. Yet it is the little things that matter most of all.

Today, I regularly find myself grieving at the state of our oceans. The Great Barrier Reef and other coral reefs across the planet are dying. The oceans are filled with micro-plastics from our synthetic clothing that are now found inside krill, which are the foundation of the ocean's food chain. Farm runoff filled with pesticides is killing off species, and the ever-rising temperature is increasing acidification, changing currents, and disrupting entire ecosystems. Deoxygenation is leading to rapidly increasing dead zones in our oceans. This is, unfortunately, just the tip of the iceberg when it comes to the state of our ocean habitat.

Our vast oceans are in a state of crisis, and it is easy for us to feel helpless in the face of such a big problem. We need to once again remember that it is little things that have undone our world, and little things can help to set them right. What little things can you do to help bring healing? Can you at least stay awake and aware? Can you think about the impact your life is having? Can you use your voice to encourage companies and leaders to act in more thoughtful and healthy ways?

Not My Problem

The earth is changing and not in healthy ways. In the last fifty years we've lost over half of the animal population and hundreds of species. We have a garbage patch floating in the Pacific Ocean that is larger than the state of Texas. Huge quantities of plastics can be found everywhere on our planet, from Antarctic ice and the Amazon River to the digestive systems of nearly every animal. At the same time, the wild lands are shrinking due to human activity. Our world is also warming at an alarming rate. The arctic permafrost is thawing, with vast areas of the arctic now burning, the glaciers are melting, the coral reefs are dying, wildfires and violent storms are increasing. Our planet is reeling from all that is happening.

We plug our ears and close our eyes. It's not our problem. Why should we believe that we have any responsibility? Politicians and industry tell us everything is fine and that we should focus on the economy. They try to tell us that this is a partisan issue, and we believe it. When the evidence becomes too overwhelming, they then say there is nothing we can do. They encourage us to ignore it and get on with buying and selling.

As long as we live with our heads in the sand, as long as we believe it is not our problem, nothing will change. If we long to live lives of health, lives that pursue goodness, we can no longer turn a blind eye. We may not be able to fix the world, but we can live lives that treat the earth with gentleness and care. We can support businesses and leaders that prioritize its protection. We can become part of the solution rather than just bystanders to our beautiful world's destruction.

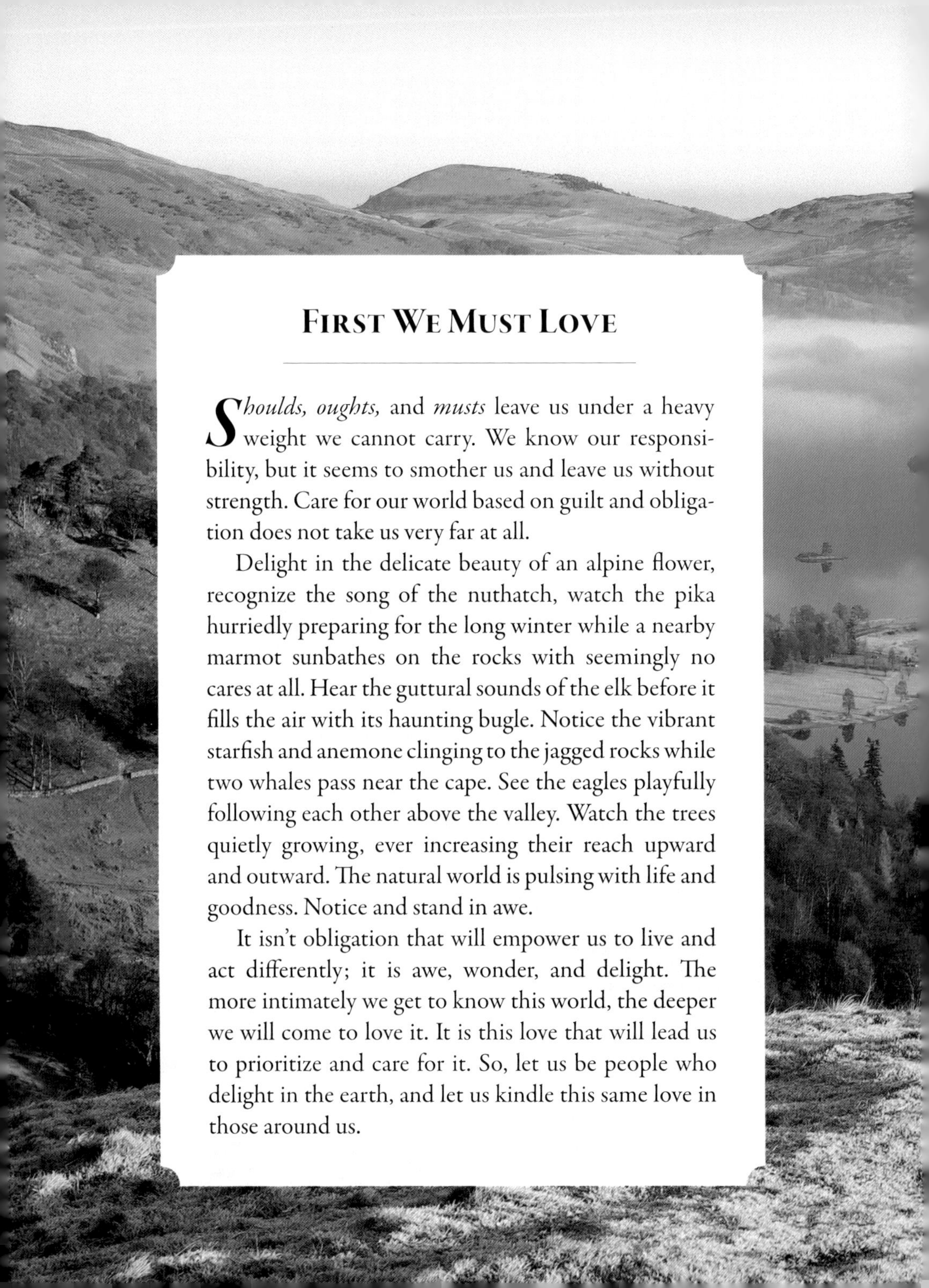

First We Must Love

Shoulds, oughts, and *musts* leave us under a heavy weight we cannot carry. We know our responsibility, but it seems to smother us and leave us without strength. Care for our world based on guilt and obligation does not take us very far at all.

Delight in the delicate beauty of an alpine flower, recognize the song of the nuthatch, watch the pika hurriedly preparing for the long winter while a nearby marmot sunbathes on the rocks with seemingly no cares at all. Hear the guttural sounds of the elk before it fills the air with its haunting bugle. Notice the vibrant starfish and anemone clinging to the jagged rocks while two whales pass near the cape. See the eagles playfully following each other above the valley. Watch the trees quietly growing, ever increasing their reach upward and outward. The natural world is pulsing with life and goodness. Notice and stand in awe.

It isn't obligation that will empower us to live and act differently; it is awe, wonder, and delight. The more intimately we get to know this world, the deeper we will come to love it. It is this love that will lead us to prioritize and care for it. So, let us be people who delight in the earth, and let us kindle this same love in those around us.

Spring Is a Process

Spring in the mountains comes in fits and bursts. After many months of cold and bitter temperatures, you find yourself awakened one morning by the smell of fresh earth. As you sit quietly, you realize that you're hearing dripping water for the first time this year. At last spring is arriving, and soon birdsong fills the air. The world seems to be filling up with life and exuberant joy.

Then, just as you begin to get celebrate, winter races back in and covers the earth under a cold, white blanket. All that has been gained seems lost. It is easy to get discouraged and abandon hope, yet ever so slowly the icy hold of winter loses its strength, and each day new signs of warmth and life gently reveal themselves.

Isn't that the way it is with almost any real change? Isn't there always forward progress followed by backward movement followed by forward progress again? Real change takes time. Spring doesn't give up; it just takes time for it to prevail. Don't give up hope; spring is a process.

The world stretches out before us, calling us onward, beyond the well-known borders of our comfort into new terrain and transformation.

Walk

Walk, walk, walk
Slowly I am learning the way
So many wrong turns
Each deviating from Life
I've had to learn them for myself
The road gets easier
The trail more clear
Perhaps it is not the trail
But I who have changed
There is less struggle
Less frustration
More joy along the way
Had I seen it before,
The small stream following nearby?
Had it been there all along to guide me?
This trail continues to climb
Alongside the hidden brook
Slowly I'm realizing
My destination is its source and mine

Moonlight

It's a little after 4 a.m., and once again I'm on my way to a beautiful valley in the hope that I can capture warm morning light on jagged peaks. Although it's at least two hours before the sun rises, I'm finding that I don't need my head lamp this morning. It sits on my head unused. Instead, I'm hiking by the light of the moon. This light is so gentle and yet enables me to see my path. Everything around me is silhouetted. There is no detail to be seen in the trees, in the hills, or in the nearby stream. All of them are in darkness, but the trail before me seems to glow just enough to show me the way.

As I look up at the beautiful full moon shining down, I realize that the light it gives is not its own. It is light that it has found and shared with me. It's not a perfect light, but it is a helpful light. As I think about this, I realize that I'm writing in the hope that we might become moonlight for the world around us. It is my hope that we might gently, though imperfectly, shine the light on the trail to a better way. We don't have to have it all figured out. We don't have to be perfect. We simply need to pursue the light that we see and allow our lives to humbly, quietly, and gently reflect it.

Looking Back

As we glance back over our shoulder, down the rugged road we have traveled, we have much to celebrate. Though this journey continues to be challenging, we see that ahead of us our trail has begun to lead us beyond the grasp of a world that is determined to squeeze us into its mold. It is certainly not an easy path, but slowly we are noticing that even where all seems ugly and hopeless, there is goodness and beauty to be found. As we step beyond the crowd and the calls to conform, we ourselves are being transformed, and the world around us is finding a breath of fresh air. Who knows where this journey will lead next, but we can be certain it will be somewhere good.

Beyond

Long is the road behind me
I've come so far
I've changed so much
I'm on the outside now
The dominant script
The shouts of the crowd
I live outside their boxes
My world is larger now
A Whisper beckons me onward
Beyond myself
Beyond my control
Beyond my comfort
Into Goodness
Into Beauty
Into Mystery
Into the very heart of all things

ENTERING
ROCKY MOUNTAIN
NATIONAL PARK

About the Author

Erik Stensland was born in Minnesota in 1968 but moved many times before he was 18. His first real memories are from the mountains outside of Helena, Montana, where as young as age 5 he would spend his days hiking through the forest, exploring miles of mountain terrain around his house. Everywhere he moved he was drawn to the natural world, spending his days creating his own secret trails up to the top of nearby hills or climbing a tree to get a better view. His junior high and high school years were spent cycling throughout the countryside where he could enjoy quiet and beautiful views. Throughout Erik's life, the beauty of nature has called to him.

After college Erik moved overseas, living in Austria, Bulgaria, Albania, and Kosovo. He met his wife, Joanna, in Austria and they spent over a decade working with the Albanian people, doing everything from creating an ecotourism program, teaching English, assisting local artists, starting a refugee agency, helping local churches meet the needs of their society, and many other projects.

In 2004 Erik and Joanna moved to Colorado, and Erik took up photography as a way to restore his soul and pay the bills. In 2007 Erik opened his gallery in Estes Park. Since then Erik has become one of the primary photographers focusing on Rocky Mountain National Park. He's published numerous books, opened other gallery and display locations, and contributes to various local and national publications.

Erik's writing and photography are visible expressions of his internal world, which is grounded in a deep Christian faith. It is only during the last decades that he has discovered a spiritual depth he never knew existed, a reality beyond anything he anticipated. His world shifted from a cerebral faith to encountering One who is greater than he could wrap his mind around. Here he discovered untarnished beauty and goodness that set him on a fresh journey of discovery and intimacy with God.

About the Images

The images in this book were taken in various locations across the United States and Europe. If one of these images has spoken to you, you can order it as a fine-art print. They are available in a wide variety of sizes and formats. Many of them can be found on my websites: MorningLight.us or ImagesofRMNP.com. Also, you can call my gallery in Estes Park, Colorado, at 970-586-4352 and my staff will be glad to help you place an order.

Below I have listed some information about each photo, including titles for those that have them. I have only listed the locations of photos taken from an official trail and have not included off-trail locations to help preserve them and protect them from over-visitation.

- Cover Image: *Dune Celebration:* The last light of day kisses the dunes in Great Sand Dunes National Park & Preserve in southern Colorado.
- Page 6: *Veliki Slap View:* Waterfalls abound at Plitvice National Park in Croatia, as seen in this view of the park's largest waterfall, Veliki Slap.
- Page 8: *Patriarchs Shower:* I was fortunate enough to be in Zion National Park, Utah, during a spring storm. The rain was coming down so hard that it created new waterfalls and soaked me to the bone while taking this image.
- Pages 12–13: *Beside Still Waters:* One of the many boardwalks along the vibrant waters of Plitvica Lakes National Park, Croatia.
- Page 14: A winding path through the fog in the Ladybird Johnson area of Redwood State and National Parks.
- Page 17: *Inner Glow:* Sandstone has this amazing ability to reflect light deep down into the heart of dark canyons. In the process, it reveals an amazing array of hues and textures that were previously unseen. It is almost as if the stone comes to life in these fleeting moments.
- Pages 18–19: Wet stones on the shore of Olympic National Park, Washington.
- Pages 20–21: Germany's highest mountain, the Zugspitze, reflects

in the tranquil waters of the Eibsee just outside of Garmisch-Partenkirchen in Bavaria.

- Page 22: *Aspen Fog:* The leaves had all dropped, a light rain was falling, fog was coming and going, and the forest seemed to have gone to sleep as it awaited the arrival of winter in Rocky Mountain National Park, Colorado.
- Page 25: Badlands National Park, South Dakota, is known for its unique geological formations. As the land erodes, it reveals an ancient world where once rhinos and wild horses coexisted.
- Page 27: *Entrance:* Sometimes while hiking through The Narrows, in Zion National Park, Utah, you can see warm, glowing light coming from around a corner. It is almost like you are at the entrance of a place of incredible wonder.
- Page 28: *Queens Morning:* It took me 14 years of hiking to this remote location to capture a photo that would do this area justice. On this morning, queen's crown flowers lined the edge of the lake at sunrise, adding that final touch.
- Pages 30–31: *Stars in the Tundra:* Wildflowers in the tundra of Rocky Mountain National Park, Colorado.
- Page 32: As I sat with my extended family at a lake in Alexandria, Minnesota, I looked up and marveled at the joyfulness conveyed by the trees above me.
- Pages 34–35: The sun sets over the Ute Trail in Rocky Mountain National Park, Colorado, on a summer's evening.
- Pages 36–37: *Blue Bike:* A blue bike sits in front of a house in the beautiful seaside town of Rovijn, Croatia.
- Pages 38–39: *The Swing:* A woman sits on a tree swing in the dramatic valley of Logarska Dolina, Slovenia.
- Page 41: *Rainforest Transition:* A surprise snowstorm covered the top of the trees in the Sol Duc rainforest of Olympic National Park, Washington.
- Pages 42–43: *Watchman of Zion:* This is the classic sunset view of The Watchman and the Virgin River in Zion National Park, Utah.
- Pages 44–45: *Pillar of Fire:* In the middle of an icy-cold December

night in Iceland, the aurora borealis put on a show for me as the light danced and waved in ever-changing colors over the snow-covered scene.

- Page 46–47: *Life on the Edge*: A lone cottonwood tree clings to a rock wall in The Narrows in Zion National Park, Utah. Life on the edge is anything but easy, but it is a life of great beauty.
- Pages 48–49: An idyllic valley and church on a June afternoon in the Dolomites, northern Italy.
- Pages 50–51: *Iceland Pastoral:* Grazing sheep enjoy a delightful evening on the Snæfellsnes Peninsula of Iceland.
- Pages 52–53: A quiet sunrise in the Boundary Waters Canoe Area in northern Minnesota, not far from the border with Canada.
- Page 55: An old ponderosa pine enjoys its expansive view in Rocky Mountain National Park, Colorado.
- Pages 56–57: *Steps to the Past:* In Mesa Verde National Park, Colorado, I was able to climb down into this kiva and experience the magic of the light shining through the small opening in the ceiling.
- Page 59: A view of Estes Park and Longs Peak on a stormy morning, as seen from Lumpy Ridge in Rocky Mountain National Park, Colorado.
- Pages 60–61: *Rain in Glen Etive:* A very windy and rainy morning on Rannoch Moor at the beginning of March in the highlands of Scotland.
- Page 62: *Out to Sea:* A rushing stream in Iceland makes its way down the lush slope, past colorful flowers, and into the North Atlantic.
- Pages 64–65: *Wachella Downpour:* Water seems to flow from almost everywhere during a spring rainstorm at Wachella Falls, Oregon.
- Page 67: *Hidden Garden:* In a world of lush green that stretches out in every direction, the rhododendrons are an amazing sight to behold. These large blossoms seem to leap out of the forest and draw you in. – Redwood National and State Parks, California
- Pages 68–69: *Hope on the Hill:* The little church in Vik, Iceland, glows at sunrise at almost noon on a cold December morning.
- Page 70: *Lighthouse Rainbow:* Following a rainstorm, the sun came out briefly, creating a wonderful rainbow beside Smeaton's Tower, an old lighthouse along Hoe Park in Plymouth, England.

- Pages 72–73: An electrical storm puts on a show over White Sands National Park, New Mexico. It also made it hard to sleep or feel very safe in my little tent on the dunes that night.
- Page 74: Smoke rises from the Cameron Peak Fire just north of Rocky Mountain National Park in August of 2020.
- Page 77: *Power of the Storm:* After a peaceful day at the Monastery of Christ in the Desert in New Mexico, a violent thunderstorm moved into the valley. For over an hour, lightning flashed in the sky above the hills.
- Page 78: *Moss Creek:* A small stream makes its way through a mossy bog in northern Iceland.
- Page 80: Water cascades over the rocks at the Alluvial Fan in Rocky Mountain National Park, Colorado.
- Pages 82–83: The rough trail leading up to Chapin Mountain in Rocky Mountain National Park, Colorado.
- Page 84: Alpine sunflowers and sky pilot bloom in the tundra of Rocky Mountain National Park, Colorado.
- Page 86: Pristine sand dunes lead up toward snowy peaks in Great Sand Dunes National Park and Preserve, Colorado.
- Page 89: *End of Time*: The sky seemed to light on fire at sunset this evening on the ancient Ute Trail in Rocky Mountain National Park.
- Pages 90–91: *Classic Kirkjufell:* One of the most iconic scenes of Iceland, and with good reason. Kirkjufell is a spectacular mountain and one of this planet's most photogenic.
- Pages 92–93 A lone pasque flower looks out on the world while surrounded by pinecones and pine needles from a large ponderosa that is towering above it in my backyard in Estes Park, Colorado.
- Page 94–95: *Erik's Dream*: When I think of a dream home, this is it. There is something about a scene like this which awakens my senses and makes my heart sing. I could spend the rest of my life soaking in this incredible view.
- Page 96: *Marriage:* When I saw this scene in Zion National Park, Utah, the first thing that came to my mind was marriage. Two unique trees join to create a beauty that is far beyond what either of them can

provide on their own. They maintain their distinctiveness and in so doing, each provides the perfect complement to the other.

- Page 98: *Aspen Flame:* Autumn is a time of wonderful and colorful contrasts that can be seen almost everywhere you look, especially in Colorado. Here an aspen has taken on a striking orange hue that reminds me of a flame.
- Pages 100–101: *Dutchman Sunset*: Saguaro cacti stand proudly at the base of the Superstition Mountains outside Phoenix, Arizona.
- Pages 102–103: *Zebra Stand:* This beautiful aspen stand near Kebler Pass, Colorado, was one of the most beautiful I saw on this trip. What really intrigued me were the wonderful stripes around the trunks. I'm always amazed that every aspen grove is so different.
- Page 104: It's mid-May in Rocky Mountain National Park, Colorado, and this young aspen has just unfurled its leaves. The light of the rising sun shines on these new leaves for the first time, illuminating them from behind, while a Douglas fir tree watches from the side.
- Pages 106–107: A full moon sets over the Grand Teton and Grand Teton Road in Grand Teton National Park, Wyoming.
- Page 109: *Sandstone Convergence:* This is a very narrow slot canyon in central Utah. In some sections there is barely twelve inches between walls, making it difficult to navigate or photograph.
- Pages 110–111: A beautiful fourteenth century church in the Italian Dolomites. While this incredible view moved me when I first saw it, I became convinced that I should use it in this book after seeing the powerful 2019 film A Hidden Life by Terrence Malick. Key sections of this true story were filmed here. The movie shows the beauty, dignity, and suffering of one man who refused to swear allegiance to Hitler.
- Page 113: *Foss Land:* Iceland is filled with waterfalls. Almost anywhere you look, you'll find unnamed waterfalls. In Icelandic, the name for a waterfall is a "foss," and for this reason I often think this gorgeous country should have been called "Fossland" instead of Iceland.
- Pages 114–115: A chilly evening on the side of Estes Cone, Rocky Mountain National Park.
- Pages 116–117: *Elk on the Move:* A small herd of elk makes its way

through the tundra shortly after sunset in Rocky Mountain National Park, Colorado.

- Page 119: *Mist of Dettifoss:* Dettifoss waterfall is the most powerful not only in Iceland but in all of Europe. It is an incredible experience to be in its presence.
- Pages 120–121: *Moon on Plymouth Sound:* On this evening, the largest moon for the next 18 years rose over Plymouth Sound in Devon, England. I was in the UK with my wife and son, visiting her family. On this evening, nine of us drove out to Rame Head, Cornwall, where we had an amazing view overlooking the ocean as the giant full moon rose over Plymouth Sound and shimmered on the surrounding clouds.
- Page 122: A mule deer pauses his grazing on the side of Deer Mountain to keep an eye on me. – Rocky Mountain National Park, Colorado
- Pages 124–125: *Spring Creation:* Spring in Zion National Park, Utah, is like almost no other place. Naked walls of dry stone spout stunning waterfalls, while the trees below reach to the sky with their fresh green leaves. All the earth seems to be celebrating spring as if it were a creation made anew.
- Pages 126–127: *Elegance of Radovna:* I had visited this small waterfall in Slovenia several months earlier and could find nothing to shoot, but now that the water flow has reduced, its elegant shape is revealed.
- Page 128: *Classic Cottonwood Falls:* Located in a remote canyon in central Utah, a stream pours over a rock bottom that has been sculpted by eons of water pouring over it, while a nearby cottonwood tree shows off its autumn colors.
- Pages 130–131: *Struggle of Life:* A small tree clings to the edge of a cliff as water pours down around it on every side in Washington state.
- Page 132 A wildflower breaks through dried and cracked mud in Badlands National Park, South Dakota.
- Pages 134–135: *Morning Joy:* An idyllic scene in the Columbia River Gorge, Oregon, as mist rises over a beautiful waterfall just after the start of this new day.
- Pages 136–137: *Beinn Alligin Storm:* A storm appears over Beinn Alligin mountain and Loch Torridon in the Scottish Highlands.

- Pages 138–139: *Little Forest Fall:* A little waterfall creates a delightful sound in a rainforest of Olympic National Park, Washington.
- Pages 140–141: *Silent Sentinel:* A young pine tree covered in snow near Bierstadt Lake in Rocky Mountain National Park, Colorado.
- Pages 142–143: *Happily Lost:* Walking through this beech forest in the autumn in Slovenia was truly a delight. I could get happily lost in here all day exploring the colors and textures of this forest.
- Pages 144–145: A quiet dirt road through a beech forest in Slovenia.
- Pages 146–147: This was a warm late-summer sunrise in Wild Basin, Rocky Mountain National Park, Colorado.
- Page 148: Parting clouds at sunset as seen from Trail Ridge Road in Rocky Mountain National Park, Colorado.
- Page 150: *Mountain Bouquet:* Deep in the backcountry of Rocky Mountain National Park, Colorado, I came across this delightful mix of flowers growing in a marshy meadow. Could a florist have created anything more beautiful?
- Page 153: *White Braids:* A deep green forest in Oregon gives way to a brilliant white stream on a May morning.
- Pages 154–155: I shot this wonderful mix of aspen and pine trees in central Colorado in late September.
- Page 156: *Pilgrim Creek Lupine:* A beautiful spring morning in Grand Teton National Park, Wyoming.
- Page 159: In Colorado in late September, the leaves of the aspen trees turn to gold and their leaves cover the ground.
- Page 160: *Storm and the Star:* A stormy sunset at Yachats, Oregon, as a starfish clings to the rocks.
- Pages 162–163: *Pacific Action:* A wave crashes into shore along Rialto Beach in Olympic National Park, Washington, as tree-topped sea stacks look on.
- Pages 164–165: *Sheep Over Ullswater*:A lone sheep stands on a frost covered hill high above Ullswater in England's Lake District.
- Pages 166–167: An alpine sunflower pokes out from the snow following an unexpected snowstorm in late June in Rocky Mountain National Park, Colorado.

- Pages 168–169: *Voice of the Canyon:* This was an incredible evening looking over the Colorado River and the Grand Canyon at sunset from the north side.
- Page 170: *Chapin Pass Trail:* A wet summer day in Rocky Mountain National Park, Colorado, makes for a very lush forest scene.
- Pages 172–173: The moon lit the way along the Grand Ditch in Rocky Mountain National Park, Colorado, as I hiked and dictated the text for this part of the book.
- Pages 174–175: *The Trail:* This dramatic trail looks like something out of a movie set, yet the truth is even more interesting. This trail lies along the fault line between the North American Plate and the Eurasian Plate in Iceland.
- Page 177: *Skies of White Sand:* Stars as well as light pollution from nearby towns create an interesting sky over White Sands National Park in New Mexico.
- Page 178: Author Erik Stensland stands on the northern border of Rocky Mountain National Park.

ALSO BY ERIK STENSLAND

If you enjoyed this book, you might enjoy some others by Erik Stensland. These can all be purchased on the Rocky Trail website (RockyTrailPress.com) or wherever books are sold.

Whispers in the Wilderness is the first book in the WHISPERS series. It explores the longing that many of us have for the natural world and suggests that it is the trailhead for a journey to wholeness. Through short daily reflections on the natural world, paired with gorgeous photographs from Rocky Mountain National Park, author and photographer Erik Stensland encourages us to go deeper within ourselves and discover the healing that nature is offering. – Winner of four national awards!

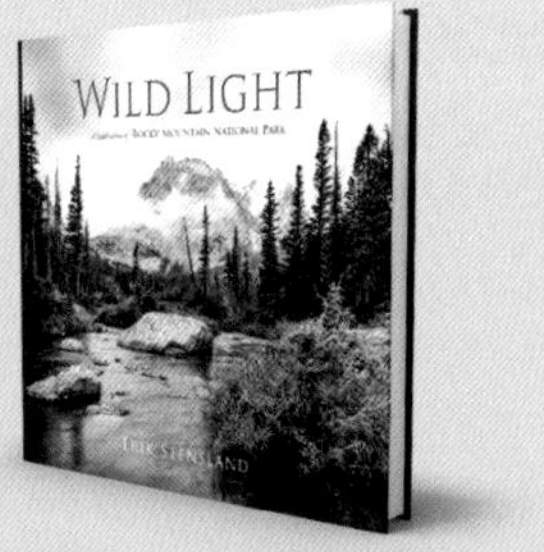

Wild Light was released to celebrate Rocky Mountain National Park's 100th anniversary. It is a book that was ten years in the making, covering every region, ecosystem, and season through stunning photographs and beautiful prose. If you love Rocky Mountain National Park, you'll want this gorgeous hardcover book on your coffee table.

The Photographer's Guide to Rocky Mountain National Park – Are you planning a visit to Rocky Mountain National Park? Do you want to take stunning photos of this incredible landscape? Then you will want to get a copy of this one-of-a-kind book telling you where to go and when to be there. In it you'll learn lots of helpful insights that you would only gain by having lived here yourself.

Hiking Rocky Mountain National Park: The Essential Guide – Plan your trip to Rocky Mountain National Park using the most up-to-date hiking guide filled with gorgeous color photos, custom maps, elevation profile graphs, and all the information you need to know to be prepared and stay safe. This 520-page book was written by someone who has spent nearly 20 years hiking every nook and cranny of the park and knows each trail intimately.

Memories of Rocky Mountain National Park – Relive your visit to Rocky Mountain National Park, one of America's most loved national parks, with this attractive paperback photo book. This book is a great memory of your visit and is also a perfect gift for friends or family who love Rocky Mountain National Park.

Yearly Calendars – With our scenic calendars, you can enjoy a year-long journey through the heart of Rocky Mountain National Park. You'll experience rarely seen views from one of America's favorite national parks. From tranquil snow-covered forests to the flower-carpeted meadows of summer, celebrate the beauty of our natural world.

"Stars Over Bear"

"Columbine Meadows"
WILD LIGHT

Gallery

If you visit Estes Park, Colorado, make sure to stop by the Images of RMNP gallery. Here you will find a large number of fine-art photographs on display, as well as books, cards, calendars, and much more. Erik also has other gallery locations that you can learn about on our website.

Images of RMNP is located at
203 Park Lane, Estes Park, Colorado.

You can find Erik's work online at:
ImagesofRMNP.com and MorningLight.us. Erik also posts regularly on his Erik Stensland Fine Art Photography Facebook page, and his gallery, Images of RMNP, also posts Erik's work on its Facebook and Instagram accounts.